湖南省社科基金项目：大学生创新活力结构及培养路径研究（19YBA311）资助。

中国大学生活力结构、测量及培养路径研究

宋传颖◎著

中国纺织出版社有限公司

图书在版编目（CIP）数据

中国大学生活力结构、测量及培养路径研究 / 宋传颖著 . -- 北京：中国纺织出版社有限公司，2022.8
ISBN 978-7-5180-9854-5

Ⅰ. ①中…　Ⅱ. ①宋…　Ⅲ. ①大学生 — 人才培养 — 研究 — 中国　Ⅳ. ① G640

中国版本图书馆 CIP 数据核字（2022）第 166319 号

责任编辑：邢雅鑫　　责任校对：高　涵　　责任印制：储志伟

中国纺织出版社有限公司出版发行
地址：北京市朝阳区百子湾东里 A407 号楼　邮政编码：100124
销售电话：010—67004422　传真：010—87155801
http://www.c-textilep.com
中国纺织出版社天猫旗舰店
官方微博 http://weibo.com/2119887771
北京虎彩文化传播有限公司印刷　各地新华书店经销
2022 年 8 月第 1 版第 1 次印刷
开本：710×1000　1/16　印张：9.25
字数：160 千字　定价：69.90 元

前　言

活力自人类历史诞生时起就相伴产生，并贯穿始终。它不但是社会进步发展的推动力，实现了人类社会由被动适应生存向主动创造生存的过渡，而且创造性的活力构建着人们丰富多彩的物质文化生活，深刻地影响着人们的幸福生活。马丁·赛里格曼（2012）提出幸福的目标是增进生命的充盈与蓬勃，让生命充满活力。在当今社会，活力凸现出更深远的意义，成为新时代的关键词。

党的十六届六中全会通过《中共中央关于构建社会主义和谐社会若干重大问题的决定》（2006），明确提出要按照“充满活力”的要求构建和谐社会，增强全社会创造活力。党的十七大报告（2007）中提出充满活力是构建社会主义和谐社会的总要求之一，要增强党的创新活力，激发各类人才的创造活力。然而，对于活力的实质、活力的结构、活力活动的过程及内在机制等问题始终是一个令人瞩目而又素有争议的问题。随着生命科学、心理学的不断发展，尤其是现代认知心理学和积极心理学的迅速发展，人们对活力问题的探究也不断深入。

宋传颖

2022 年 3 月

目　录

第一章　文献综述与研究设计

一、文献综述

心理学界对活力的研究刚刚起步，研究成果相对较少，且已有的文献及论述并没有厘清活力的内涵和理论基础，不仅缺乏对活力哲学思想和词源意义的考察，而且缺少对活力理论基础演变的探究。此外，对活力测量的阐述缺少对中国人群的适应性研究的论述，再加上近几年对活力研究的最新进展，已有研究不能全面客观地反映有关活力研究的整体概况。本文进一步从活力的概念、理论基础、测量方法及前因与后果变量等多个方面对活力进行了系统的梳理与评论，有助于更客观、全面地把握活力的心理特征，明晰探索活力研究的发展方向，更好地激发个体和社会活力。

（一）活力的概念

1. 活力的文字含义

中文中，“活力”由“活”和“力”两个字构成。其中“活”兼具名词、动词、形容词等词性，作为名词性的“活”可以指工作或活计，如“做木工活”“卖文为活”；也可以指生命，与“死”相对。作为动词性的“活”，本意为流水声，如《诗经·卫风·硕人》：“河水洋洋，北流活活”；还可以指“生长”“救活”之意，如“活到老，学到老”，《庄子·天下》：“愿天下之安宁，以活民命”。作为形容词的“活”，意指生气、生动、活泼、机灵等，如杜牧的《池州送孟迟先辈》：“烟湿树姿娇，雨余山态活。”另一个构成字“力”，象形字，本义是“力量、力气”，如《诗经·邶风·简兮》：“有力如虎，执辔如组。”后延伸为“能力、威力、权势”等不同含义，如《孟子·公孙丑上》：“以力服人，非心服也。”作动词用有“尽力、努力、奋力”等含义，如《左传·僖公二十三年》：“其从者肃而宽，忠而能力。”郑玄笺：“力犹勤也。”

词典上对“活力”的解释有四种：其一，最普遍的解释是旺盛的生命力（《新华汉语词典》，2016），如年轻人充满了青春活力；其二，借指事物得以生存、发展的能力，强调活跃且很有精神，如改革给企业带来了活力（韩明安，1991）；其三，在行动、思想、表达上的生动性；其四，生机蓬勃的力量或充沛的精力（郝迟，盛广智，李勉东，1987）。与以上概念相近的英语表达有vitality，vigour，energy三个单词（《现代英汉词典》，2001），普遍认为vitality的含义最为接近，其具体含义包括：①活力，生命力，（植物的）发芽力；②体力；③茂盛度，生命强度；④（物件的）使用寿命；⑤生动性；⑥生气，生机，活气；⑦持续性，持久性（《英汉科技大词库》，1987）。

2．心理学与活力相关的概念

心理学研究者关于活力概念的探讨大多源自古希腊赫拉克利特本体论哲学思想和德国康德等人的古典哲学思想。赫拉克利特认为“火”是自然界最具活力的表现，其最具活性、永恒性、流动性、生动性的本质，并认为“对立与流变”存在于每一具有活力事物的本性之中（Markova，2003）；康德将人置于整个宇宙的中心，确立了活力的主体性、能动性、超越性和创造性的哲学思想（康德，1964）。目前对活力的界定大致可以分为能量取向、积极情感取向和特质取向。

（1）能量取向

能量取向的研究者认为能量是活力的基础和泉源，源源不断的能量就是活力的体现。比如重视能量状态的Ryan和Frederick（1997）将活力定义为积极的活动感，并且作为从自身发出的高正能量的状态，而没有疲劳或衰竭；Schaufeli等（2002）研究指出活力是指个体具有充沛的精力，工作努力而不易疲倦，且具有良好的心理韧性，面对困难能够坚持不懈；宋洪波（2015）认为活力是指个体能够运用身体和心理的能量，展现富有生机的精神面貌且行动有力，并将活力的典型成分归纳为能量（energy）、警醒（alert）和生机（alive）。重视能量动力表现的董慧等（2008）认为活力对人而言，主要指人在行动和思想上表现出来的生动性、积极性、主动性和创造性；对社会而言，主要指社会在寻求积极发展的过程中，表现出强劲的生命力、创造力和生机勃勃的发展状态。

（2）积极情感取向

活力是在对生命问题的追问与探寻中产生的，展现出来的是一种积极向上、乐观愉悦的情感体验状态。比如Shirom（2007）认为活力就是一种积极的情感反应，是在工作环境中与人互动时产生，涵盖身体力量、情绪能量和认知活力等具有内在联系的感觉。杜常贺等（2011）认为活力是指个体或组织精力充沛的积极态度，其作为积极的情感体验，不但关系到个体的情绪变化和身体健康，而且也是一种与个人幸福感、绩效密切相关的心境状态。Barbic，Bartlett，Mayo（2015）提出了情绪活力（Emotional vitality）的概念，情绪活力被定义为具有高度的个人掌握感、幸福感，低抑郁症状和低焦虑，是一种复杂的心理健康结构，表明情绪功能和幸福的高水平。

（3）特质取向

特质取向的活力界定，认为活力是理想人格、美德和性格优势的重要组成部分。比如“理想人格说”，王振勇、黄希庭和支富华（2002）提出高中生理想人格结构包括有理性、宜人性、虚伪性（负价）、内外倾和有活力五个因素，其中“有活力”的代表性特质词为“多才多艺、思想开放、德才兼备、有创造性、精力充沛和兴趣广泛”。又如“美德说”，Peterson 和 Seligman（2004）列出了智慧、勇气、人性、正义、节制和超越 6 种核心美德，其中勇气中包含着“活力”成分。再如“性格优势说”，Brdar 和 Kashdan（2010）将大学生性格优势划分为关系优势、刚毅和勇气、活力、谨慎四个维度，其中活力优势表现为充满强烈的兴趣、满怀希望、具有好奇心和幽默感等方面；Toner，Haslam，Robinson 和 Williams（2012）将高中生性格优势分为节制、活力、好奇、关系优势、超越五个维度，其中“活力”特质主要表现为有勇气、够胆量、富有幽默和热情等方面。

总之，根据上述对文献资料的梳理，目前对活力的理解大致可以分为三类：其一，认为活力是一种积极的精神或情感状态，表现出精力充沛、积极向上、生机勃勃的发展态势；其二，认为活力是一种特质，是优势性格、理想人格和美德的重要组成部分；其三，认为活力是事物得以生存、发展的原因、力量、推动力，具有鲜明的动力特性。此外，从涉及的心理成分看，对活力的理解既有认知成分（如认知活力）、情绪情感成分（如情绪能量、情绪活力），也有意志行为成分（行动有力、坚持不懈）。因此，文章认为活力是一种特质状态，既具有促进个体成长与发展的动力特性，又在身心特质上呈现精力充沛、积极向上、生机勃勃、健行不息的发展态势。

（二）与活力相关的主要理论

活力如何产生？个体和社会为什么需要活力？虽然传统的心理学理论对活力的关注及论述由来已久，但专题系统化的研究并不多。目前的研究主要是从活力的来源、激发、维持与提升的角度寻找答案，涉及的心理学理论主要包括心理动力学理论、自我决定理论和积极心理学理论三种。

1．心理动力学理论中的活力理论

能量是活力最为重要的体现，某种程度上能量的大小决定着活力的程度。Baumeister等人（2000）认为人的任何反应都需要能量、消耗能量的，并基于既往理论和研究提出了自我的活动消耗心理能量的理论。该理论的主要观点是个体能量总量是有限的，所有活动消耗的是同一种能量，一种活动或状态能量的消耗会减少另一活动能量的可用性；此外个体拥有的能量具有可恢复性与循环利用性。这也说明人为什么在活动一段时间后活力就会下降，经过休息又可以恢复到原来的活力状态。基于此，心理动力学理论体系中的精神分析学家们就提出了以能量为基础的活力“自我能量损耗模型”，而且进一步将这种能量具体为“力比多”，它们构成了个体生命活力的基本燃料。

2．自我决定理论中的活力理论

自我决定理论与自我消耗理论一样，都是从能量的视角对活力的论述，只是自我决定理论认为并不是所有的活动都只是消耗能量的，有些行为可能会维持，甚至有可能增加能量。自我决定论者把动机区分为自主动机和受控动机，并提出了自我调节的“能量活力模型（energy and vitality model）”，认为主观活力标识着“自我能量”的可用性，如果活动能满足基本心理需求（自主、胜任、关系），主观活力将增加，能量得到维持或加强（Ryan，Deci，2008；Stillman et al，2009）；反之，由于个体心理需求得不到满足，就会降低个体的活力，导致能量的损耗（Baumeister et al，2005）。此外，当个体活动时感到更多的自主性支持，或是行为的自我驱动时，相比感受到压力其活力状态会得到增强，自主性支持和行为的自我驱动对能量消耗中的活力状态有着重要的调节作用（Muraven & Rosman，2008；郑全全，徐沙，2011）。

3．积极心理学理论中的活力理论

积极心理学（positive psychology）是致力于研究普通个体活力与美德的科学，它主张研究人类积极的品质，充分开发人类潜在的具有建设性的力量，提升人类的幸福，促进社会的进步与发展。它将活力研究的关注点从能量的“损耗”转移到能量的“维持与提升”上，提倡用一种积极的视角应对活力，注重个体内在积极力量的激发，核心点是人类的美德与幸福。Peterson和Seligman（2004）归纳出24种积极的人格，其中“有活力”的积极人格就是使生活充满激情和能量，感觉活跃。马丁·赛里格曼（2012）进一步提出幸福的目标是增进生命的充盈与蓬勃，并具体阐释了“让生命充满活力”的幸福的5个元素（PERMA）：积极情绪、沉浸体验、人际关系、人生意义和目的、成就感（自我实现）。

（三）活力的相关因素

影响活力的因素和活力的影响，就是有关活力的前因和结果相关变量的研究，主要涉及的是哪些方面影响活力，活力又影响哪些方面的问题。

1. 影响活力的因素

根据已有研究发现，影响活力的因素很多，综合归纳后发现，已有研究主要涉及锻炼、环境、认知特性和休息等对活力的影响。具体研究概况如下：

（1）锻炼对活力的影响

目前因研究对象、采取锻炼的类型与方法等不同而研究结果各异，比如针对年轻人多项研究发现，身体锻炼能提高人的幸福感和内在活力（Frederick & Ryan，1995；项明强，2013）；而对老年人的研究，由于锻炼类型与研究方法的不一致，研究结果呈现出体育锻炼对老年人活力有利论（Cassilhas et al，2007）、影响微乎其微论（De Vreede et al，2007）、小幅度降低论（Oken et al，2006）三种观点，此争论至今并未得到解决。不过基于自我决定理论对活力的研究取得重大进展，在锻炼中对自主支持型互动方式的感受和知觉，通过是否满足基本心理需求的中介作用，对活力具有积极增强和显著的预测作用（Taylor & Londale，2010；Kinna et al，2014）。

（2）环境对活力的影响

根据环境的性质将其分为物理环境和社会环境两类，在物理环境与活力的关系上，研究发现个体置身自然环境比置身城市环境更能消解压力、增进活力（Tyrväinen et al，2014），实验证实，让人们看自然风光的风景照片比看都市环境的照片更能促使人们产生积极的情绪状态和积极的认知，这可能与自然环境有助于唤起人们的积极情绪，缓解人们的抑郁、焦虑、愤怒、悲伤以及疲乏等消极情绪有关。在社会环境与活力的关系上，主要体现在组织和家庭人际环境对活力的影响，比如积极的工作关系是增强员工活力的关键（Carmeli et al，2009），而员工之间的不礼貌互动则与员工活力负相关（Porath & Erez，2007）；家庭环境中，亲子关系的情绪基调深刻地影响子女的主观活力，个体早期高抵触情绪唤起与成年后的低自我决定水平和低主观活力水平相一致，而低抵触情绪唤起与成年后的高自我决定水平和高主观活力水平相一致（唐本钰，张承芬，2005）。

（3）休息对活力的影响

休息对活力的影响主要体现在休息模式和休息质量对活力的影响两个方面，

比如在休息模式与活力上，对“智能手机休息模式”（例如浏览互联网或使用社交网络服务）和“常规休息”模式（例如走路或与朋友面对面聊天）哪种更有利于活力恢复的问题，实验结果发现这两种模式确实都增加活力和减少情绪疲劳，整体效果差异不显著，但是常规休息模式能更有效缓解情绪耗尽（Pamela R.）。在睡眠质量与活力上，老年人群体中（日本）自我报告睡眠质量较好的组，在总体健康、生活质量、身体疼痛、活力上也有较高的得分，经逻辑回归发现认知状态、身体疼痛和活力都与睡眠质量相关（Sampaio et al，2014）。

（4）认知特性对活力的影响

目前研究主要集中在时间认知与正念对活力的影响，比如未来时间洞察力和尽责性（人格因素）皆对活力有正向预测作用，在控制了未来时间洞察力对活力的影响之后，尽责性对活力的预测作用变得不显著（β 值从 0.290 下降至 −0.004，p >0.05），未来时间洞察力在尽责性和活力之间起完全中介作用（范雯健，耿耀国，刘萌等，2016）。在正念与活力上，正念强调开放和接纳，不加评判地体验当下的想法和感受，能有效提升人们对当下经验体验的清晰性和鲜活性，因而会更加有活力和幸福（Killing，Gilbert，2010）；此外，在心理咨询中，采用正念的治疗非常有效地增强了人们的日常能量水平（Canby et al，2015）。

2．活力的影响

目前已有研究表明，活力的影响效果广泛，归纳整理后发现，主要涉及活力对身心健康、工作、人生幸福、生命意义感等几个方面的影响。比如在活力与身心健康上，有活力的人能够把心理能量更加建设性运用，采取更合适的方式应对身心问题，因而可能有更高的身心健康水平（Kasser，Ryan，1999；Penninx et al，2000）；而且与活力密切相关的积极情绪会让人们更具弹性地面对身体和病毒性压力源，进而不易疾病缠身（Polk et al，2005）。在活力与工作上，活力可以提高工作投入，促进工作绩效的提高（Heaphy，Dutton，2008；Wefald，Downey，2009），由此而提升的自我效能感能进一步有效促进员工的工作创新行为（Vinarski-Peretz et al，2011）；此外，活力在特质正念与员工的家庭—事业平衡的关系中起中介作用，通过影响家庭—事业的平衡而影响员工的工作满意度（Allen et al，2010）。在活力与人生幸福上，活力、希望、好奇心和感恩等性格优势能有效提升人们的幸福感（Shimai et al，2006），其中特质活力与幸福感具有最大的相关性（Brdar & Kashdan，2010）。在活力与生命意义感上，外向性与活力均对生命意义感有正向预测作用，控制了活力后，外向性对生命意义感的正向预测作用不再显著，活力感在外向性和生命意义感之间起完全中介作用（李钰婷，任哲，任凤燕等，2016）。

（四）与活力相关的主要测量

由于活力内涵理解的差异性和结构模型的不确定性，目前直接对活力的测量不多，多数是活力作为一个因子在其他研究中被测量，而且测量的形式主要采用自陈量表形式。目前使用较多的是主观活力量表、情绪活力量表、工作活力量表、简明健康调查问卷中的活力问卷、简明心境量表中的活力问卷及工作（学习）投入量表中的活力分量表。按照测评的应用范围可以分为两大类：

1．对主体身心状态的反映：应用于生命质量与健康领域

（1）简明健康调查问卷中的活力问卷

简明健康调查问卷（SF-36）是由美国波士顿新英格兰医学中心健康研究所研制（Ware & Sherbourne，1992），主要适用对象是老年人，测量身体健康和心理健康两大领域，评价生命质量的 8 个方面，其各维度内部一致性系数在 0.72 ～ 0.87，被全球研究者广泛用来测评生命质量，具有跨文化的一致性（Ware & Sherbourne，1992）。该问卷侧重点并不是测量活力本身，活力只是其测评生命质量中心理健康的维度之一，具体通过“觉得精力充沛；觉得垂头丧气，不能振作；觉得平静；觉得精疲力尽；觉得快乐；感觉疲劳”6 个项目来反映个体自身精力和疲劳程度的主观感受，一般是最终得分越高，表明活力程度越好。

后来，国内研究者开展了关于该问卷的中国人群的适应性研究，涉及的对象有老年人（曹文君，化前珍，王庸晋等，2014）、疾病患者（叶超群，孙天胜，李放等，2012）、大学生（王琪，李小杉，赵薇等，2014）等。结论是 SF-36 可以在中国人群中应用，比如在老年人群体中使用，总体及各子维度的分半信度为 0.664 ～ 0.916，总体及各子维度的 Cronbach's α 系数为 0.738 ～ 0.943；在疾病患者中使用，总内部信度为 0.726；在大学生群体中使用，总分半信度为 0.930，总 Cronbach's α 系数为 0.901。即该问卷在不同特征人群的测量信度和效度不同，因此在应用其解释心理和社会功能测量领域的结果时要特别慎重（刘朝杰，李宁秀，任晓晖等，2001）。

（2）简明心境量表中的活力问卷

简明心境量表（BPOMS）由 McNair，Lorr 和 Droppleman（1992）编制，具体由 30 个形容词组成，表述了 5 种负性心境和 1 种正性心境（活力—活动）（Michiyo & Sayoko，2014）。每种心境包括 5 个项目，每个项目采取 0 ～ 4（符合程度从“一点也不”到“非常地”）的 5 级评分。对这些描述心境的形容词，被

试根据最近一周的心境来评判，选择最符合自己情况的相应等级。计分是除了正性心境外均采取正向计分，总分越高表示心境越差。其中“活力—活动”正性心境的5个项目具体是：精神饱满的、主动积极的、兴致勃勃的、富有活动的、劲头十足的，涉及的主题是精神、进取、活动、投入。

目前该量表也开展了中国人群的适应性研究，结果显示该量表具有良好的信效度，是测量个体心境状态简便易行的工具（王建平，林文娟，陈仲庚等，2010），比如在大学生群体中使用，BPOMS的重测信度系数在0.406～0.664，α系数在0.705～0.890（迟松，林文娟，2003）。

（3）主观活力量表

Ryan和Frederick（1997）成功研制了主观活力量表（Subjective Vitality Scale），其信度系数是0.89，具体包括7个项目，主题涉及“有生机、有能量、有精神、警醒、鼓励、向前看、有爆发力”等内容，可以作为积极健康的整体指标。采用李克特（Likert）七点评分法（1～7代表从完全不同意到完全同意），是让被试直接对当前状态进行自陈（Ryan & Frederick，1997）。

后来，国内研究者唐本钰和张承芬（2005）以我国大学生为被试，对量表进行验证修订，研究发现如果将反向问题删除，保留剩余6个正向题项，修订后的中国版主观活力量表的内部一致性信度提高，各项目均具有较好的鉴别度。

（4）情绪活力量表

情绪活力量表由Barbic S. P.，Bartlett S. J.，Mayo N. E.（2015）编制，认为情绪活力的概念框架包括身体健康、情绪健康、掌握新技能和角色、参与有意义的活动、其他人的认可和支持等5个核心领域，并制定了包括19个项目的情绪活力测量量表（Barbic et al，2015）。如支持类包括4项：朋友和家人满足需要，医疗保健专业人员满足需求，维持与配偶的关系，保持与朋友的关系；情绪类包括6项：感觉人不友好，生活失败，感到害怕，感到郁闷，感到悲伤，交流少于平常；掌控类包括2项：感到无奈，相信未来取决于自己；参与活动类包括3项：保持就业，减少娱乐，进行家庭活动；能量类包括4项：感觉疲惫，精力充沛，精神饱满，得到宁静的睡眠。总体模型拟合是合理的（χ^2=202.26，DF=117，p=0.06），跨时间稳定，具有多维度的边界证据（10%）。

2．对主体工作状态的反映：应用于组织行为学和积极行为学领域

（1）工作/学习投入量表中的活力分量表

工作投入量表（the Utrecht Work Engagement Scale）由Schaufeli（2002）等开发，包括活力、奉献和专注三个分量表，共17个项目，各分量表的内部一致性信

度在 0.72 ～ 0.89（Schaufeli et al，2002）。其中活力分量表（α=0.89）具体包括：工作时干劲十足；工作时心情愉悦；工作时精力充沛；能被所做的工作激励；对工作非常热衷，充满热情；专心工作时感觉到快乐共 6 个项目，涉及的主题是情绪、精神、精力、激励、工作投入等。目前该量表已在积极行为学研究领域得到最广泛的应用。后来，Schaufeli 等在此基础上又开发了“学习投入量表”（Utrecht Work Engagement Scale-Student），同样包括活力、奉献、专注三个维度，采用李克特（Likert）七点评分法。我国学者方来坛、时勘和张风华（2008）对该量表进行了中文版修订，总信度及各维度信度在 0.858 ～ 0.951。

（2）工作活力量表

Shirom 等（2004）根据自己的定义编制了工作活力量表（SMVM 量表），包括身体力量、情绪能量、认知活力三个分量表，共 14 个项目，分量表的内部一致性信度在 0.72 ～ 0.95（Shirom A.，2011）。例如身体力量维度的典型测项：我感觉身体强健，我觉得充满生命力等；情绪能量的典型测项：我感觉能向他人表示关怀，我感觉能对同事和顾客投入感情等；认知活力的典型测项：我感觉思维活跃；我感觉富有创造力。SMVM 量表目前已经在组织行为学领域得到相对广泛的应用。

杜常贺（2011）对该工作活力量表进行了修订，形成了适合中国员工的活力问卷，类似地包括体力、情感、认知三个维度，共 13 个项目，采用李克特（Likert）五点计分法，总体及三个维度的内部一致性信度系数在 0.687 ～ 0.895。

综上所述，对活力的测量基本上都是由国外研究者开发，然后进行中国人群的适应性研究，虽然大多数活力量表（问卷）在中国大学生群体、老年人群体、企业员工等群体中得到适应性验证，但毕竟涉及文化背景的差异性问题，它们是否具有真正的跨文化一致性还需进一步探究。此外，国内外学者对活力进行测量，由于缺乏对活力构成要素及理论结构的系统分析，导致目前有关活力的研究缺乏基于理论模型构建基础上的活力测量，影响了活力测量的可信性和有效性，在某种程度上限制了活力研究的进一步发展。

（五）已有研究的启示与不足

文章从活力的概念、理论基础、测量及其前因与后果变量等多个方面进行了已有文献的梳理，发现活力虽不是一个崭新的研究课题，但在当代凸显了更深远的意义，特别是在中国加速实现中国梦和全民创新创业的社会背景下，更对激发活力提出了新的时代要求。然后由于对活力内涵理解的不准确性、理论结构不确定性及测量工具的缺乏性，导致目前已有研究仍面临诸多问题，未来需要从如下几个方面加强探索：

1．根据具体研究对什么是活力下操作性定义

目前，不管是关于活力内涵的能量、情感、特质三种取向的理解，还是从词源角度的解析，基本上都是泛泛而谈，词义性描述为主，都没有准确地厘清活力到底是什么，如何具体、操作性界定，难以据此开展后续研究。操作性定义需要根据研究目的，结合具体的研究背景，针对研究对象的特点而进行，应该具有客观、具体、可量化的特点。因此在对活力下操作性定义的时候可以从三个层面去考虑：首先要明确活力的主体，是个体活力、团队活力、还是组织活力；其次要明确活力的特性，如状态上的积极性、行为上的动力性、时间上的持续性等；最后还要探究活力的成分，考察能量、生机、健行不息、创造性、意识力、自主性等是否是典型成分。

2．构建活力的理论模型，编制有效的测量工具

目前研究比较有影响力的是基于自我决定理论的“能量活力模型”，但该模型并没有提出完善的活力结构，对编制活力的测量工具借鉴意义不大。今后研究需要进一步构建完善的理论结构模型，特别要注意文化背景对构建理论模型的影响，比如基于东方文化传统的中国人的活力模型是怎样的；基于自我决定理论的“能量活力模型”是否具有跨文化的一致性；大学生作为科教兴国战略中重要的人才储备，从创新创业的角度其活力结构是怎样的，从心理健康的角度其活力结构又是怎样的等。对于这些研究建议最好采用质性分析的方法，先收集有关对象活力的特征词，明确活力的性质，再对收集的客观资料（反映活力的典型故事与事例）进行内容分析，去剥茧抽丝确定活力的理论结构，为进一步编制具有较高信效度的测量工具奠定坚实的基础。

3．深入开展活力的影响机制研究

当前研究主要集中在活力的影响因素和影响效果的相关性研究方面，对于其中的影响机制的研究不多。今后的研究需深入探讨相关变量的中介作用和调节作用，甚至有中介的调节作用和有调节的中介作用等更为深入的影响机制。此外，有关活力的神经机制研究较少，活力是幸福的重要构成要素，已有研究发现幸福与杏仁核、多巴胺神经递质、伏隔核及迷走神经系统等紧密相关，那么活力与它们又有着怎样的关联，未来可深入探讨“活力”本身的神经生理机制、脑机制和激素水平等方面的研究。

4．加强活力的应用研究

科学研究的终极目标是为社会发展服务，目前应该进一步加强活力应用研

究，比如把活力作为重要变量，去探索促进个体心理健康和提升幸福感的具体措施；在全民创新创业背景下，将活力与创新结合起来，去研究个体和团体的创新活力，激发人民大众的创新创业活力。此外，还可以更有针对性地对不同群体的活力维度和实现途径进行研究，微观层面探索大学生群体、老年人群体、组织员工、城市居民等对象的活力，提升其幸福感；宏观层面探索组织活力、团队活力、社区活力，构建其活力测评指标体系，为促进和谐社会建设贡献力量等。

（六）研究意义

1．理论意义

首先，有助扩展活力已有的研究范围，丰富了对不同群体活力维度和实现途径的研究；其次，有助于深化对活力内涵的理解，所尝试构建的大学生活力理论结构模型，完善了活力的理论体系；最后，依据所构建的理论模型编制的大学生活力调查问卷，为今后更广泛地开展活力提供研究工具的支持。

2．现实意义

首先，活力是大学生优势性格和幸福感的重要组成部分，大学生活力及影响机制研究为培育大学生优势性格和提升大学生幸福感提供了一条新的路径。其次，活力是健康的重要预测因素，大学生的健康发展是关系着学校稳定和家庭和谐的重要因素，开展大学生活力及影响机制研究有助于促进大学生身心健康的发展。最后，创新是一个民族的灵魂，是一个国家兴旺发达的不竭动力，而活力是构成大学生创新能力的关键因素之一，在某种程度上决定着创新的量与质。同时，从大学生群体中流溢出的科学文化精神，从大学生群体中走出的富有创造能力的人群，其自身所带有创新的活力，播散到社会的各个角落，将在很大程度上决定一个国家、一个民族的创新能力。

二、研究设计

（一）研究思路

本研究在理论的指导下，采取层层推进的研究思路。首先在访谈、开放式问卷调查及大量文献分析的基础上，对核心概念进行操作性界定，并结合前人的研究成果，构建大学生活力的理论结构模型。其次根据构建的理论模型开发重庆大学生活力调查问卷，并对中国大学生样本实施调查，通过数据分析及内容分析，总结大学生活力现状，并针对性地提出培育大学生活力的策略与方法。最后在对大学生活力实证调查研究的基础，探索活力对大学生幸福感和创新能力的影响机制。

（二）研究框架

根据本研究所确立的研究目标，拟按照以下研究框架（图 1-1）展开研究。

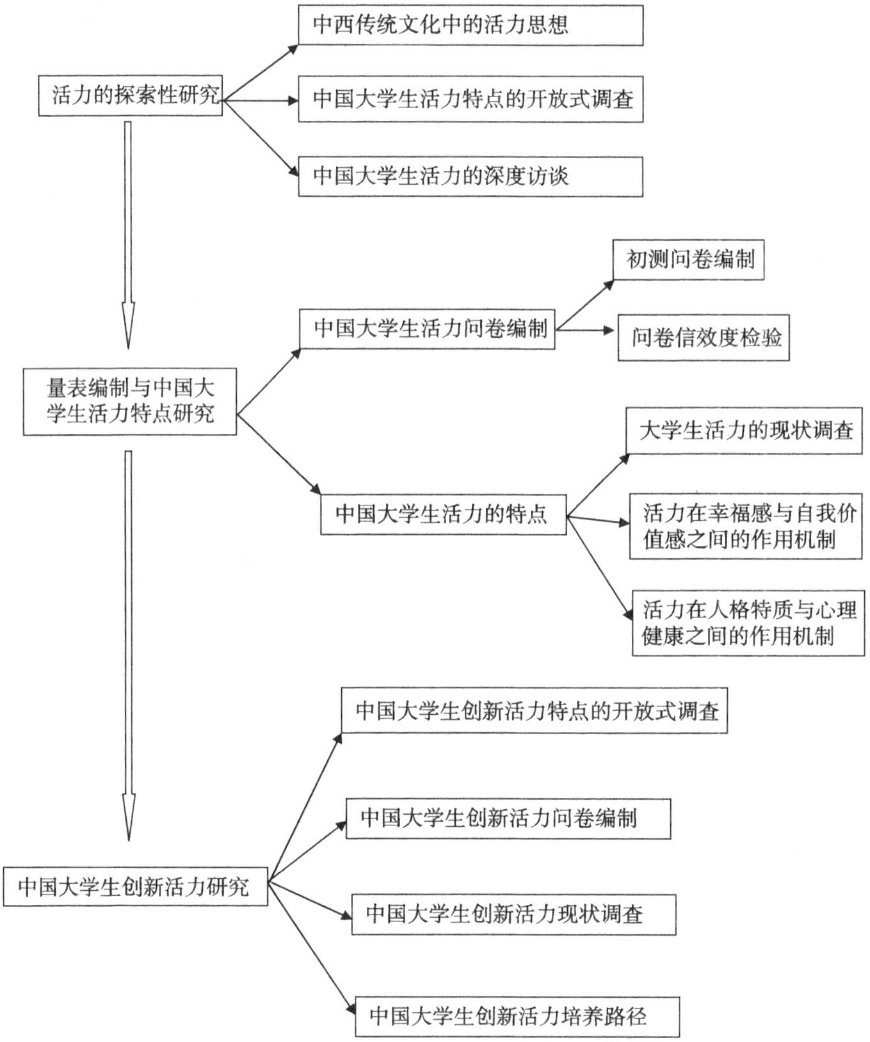

图 1-1　研究框架

第二章　中西文化中的活力思想探究

当前对活力的研究刚起步，现有文献及论述并未厘清活力的内涵与外延，尤其是中西方各异的文化背景与哲学根基造就了不同的活力思想，深刻影响着学者们对活力的多元化认识与探究。法国著名的哲学家雅克·德里达（Jacques Derrida）就曾用“水”与“火”两个核心的隐喻，阐述了中西方文化背景下不同的活力特点。因此，从中西方文化的视角探究活力思想，将进一步丰富活力理论体系的建构，使活力的研究植根于深厚的文化背景下，对提升活力研究的生态效度和科学性具有重要的价值。

在中西方传统文化中，并未发现严格与“活力”相对等的描述性概念，更多的是通过对具体对象的探究，或独特文化元素的分析，用间接或隐喻的方式蕴含着丰富的活力思想。比如西方传统文化和哲学中的“水、火、气、上帝、理性与自由、生命”等都在其孕育生成变化中体现着丰富的活力思想；中国传统文化和哲学中的“水、天、道、君子、生”等以及对人生态度的“入世、出世、来世”的探寻中折射出丰富的活力思想。

一、中国传统文化中的活力思想

追寻中国传统文化中的活力思想，最早见述于汤之《盘铭》：“苟日新，日日新，又日新”（《礼记·大学》）。随后见述于《周易》：“天行健，君子以自强不息；地势坤，君子以厚德载物”（《周易（中国古典文学精华）》，2007），主张君子应该效法运行不止、刚健不衰的“天”，具备积极进取、努力奋斗、不言放弃的素质，体现了个体层面“自强不息”的活力思想。《周易》可以说是中国哲学的理论源头，一方面将宇宙看作一个“天、地、人”融合一体的生命系统，正所谓“生生谓之易”，孔颖达在其编订的《五经正义》中解释说：“生生，不绝之辞。阴阳变转，后生次于前生，是万物恒生，谓之‘易’也”（黄玉顺，2002）；“易者，天地之道也，乾坤之德，万物之宝”（《易纬·乾凿度》），可以说整个宇宙都处于一种“创造生成，生生不息、变化不居”的状态中。另一方面将“天地之大德曰生”（《易·系辞传》），“生生”的主体是人，核心是创造，最具生命力；同时人的“生生”不仅指活着，更要活得有意义。《周易》中这种浓郁的生命关怀和变化意识对后世的儒、道、释等传统哲学思想产生了深远的影响。

（一）儒家的活力思想

儒学自孔子创立，流传至今，横跨几千年，成为我国最有影响力的思想学派，本身就是顽强活力的体现。其活力思想主要体现在四个方面：一是积极参与的政治取向，比如孔子一生四处奔走，游说诸侯，在困境中仍“知其不可为而为之”（《论语·宪问》）；孟子则以“如欲平治天下，当今之世，舍我其谁也”（《孟子·公孙丑下》）的豪气直抒心意。二是积极进取的入世态度，孔子主张以天下为己任，修身齐家治国平天下（《礼记·大学》），而且为了实现人生理想，可以杀身成仁；孟子坚信仁政学说可以泽被天下；范仲淹“先天下之忧而忧，后天下之乐而乐”（《岳阳楼记》）等都折射出他们强烈的兼济天下动机与意愿。三是奋发有为的刚健行为，如孔子“发愤忘食，乐以忘忧，不知老之将至”（《论语·述而》）；屈原“路漫漫其修远兮，吾将上下而求索”（《离骚》）等，都体现了自强不息、生命不息、永远向上、奋斗不止的行动力。四是百折不挠的奋斗精神，孟子曰“苦其心志，劳其筋骨，困乏其身，行拂乱其所为”（《孟子·告子下》）；司马迁所著《史记·太史公自序》中说“西伯拘而演《周易》；仲尼厄而作《春秋》；屈原放逐，乃赋《离骚》；左丘失明，厥有《国语》；孙子膑脚，《兵法》修列；不韦迁蜀，世传《吕览》；韩非囚秦，《说难》《孤愤》和《诗》三百篇，大抵圣贤发喷之所作为也”。总之，儒家思想的核心是主张积极“有为”和“兼善天下”，其“刚健有为，生生不息”的活力精神对推动社会发展产生了重大影响。

（二）道家的活力思想

在道家文化中，“道”是中国哲学的最高范畴，是宇宙的最高本体，是生生不息的生命活力（牟钟鉴，2008），道家学派构建了一套“道生万物”的宇宙生成模式。《老子·第四十二章》云：“道生一，一生二，二生三，三生万物。”此外，“万物并作，吾以观复。夫物芸芸，各复归其根”（《道德经·十六章》），即是说万物生长变化的根也是“道”。“道”作为生命的源泉和根本，是一种潜能或潜在性存在，常常是“独立而不改，周行而不殆”，蕴含着无限的生机和能量，促使宇宙万象和天地万物蓬勃发育。因“道”创“生”而展现的活力主要表现在：

首先“道”是永不枯竭的能量，是宇宙自身所固有的生命力和创造力，是物质和精神赖以运行的动能（牟钟鉴，1994）；其次“道”强调变化与发展，其要义就是要求人们效法“道”生生不息、生而不有的精神，让人与万物的生命健康发育、活泼自然；再次，“道”坚持顺其自然，重视无忧、自由、独立，追求人生哲学的最高境界“逍遥”，即无拘无束、自由自在、活力无限（庄子《逍遥游》）；最后，“道”指引了发展的主要方向，即万物生命追求幸福安康，追求“生道合一”的永恒生命，追求超脱个人局限的永恒价值。总之，老子认为“道”是先天地而存在的，是孕育天地、创化万物的造物主，自然万物都是道在不同程度上的表现，都统一于道（《老子·第二十一章》）。

总之，我国传统的活力思想主要是依托天人合一的思维模式，强调人与自然的和谐统一，充满着富有哲理的辩证思想。特别强调“亦静亦动”，一方面鼓励积极进取，刚健有为，勇于超越，有兼善天下的理想；另一方面担心过度活力，导致失序与混乱，鼓励无为与不争，强调顺应与适应，坚守“善”与“和为贵”为首要原则。

二、西方传统文化中的活力思想

在西方，活力思想最早可以追溯到古希腊哲学中关于世界本源的探究。之后随着社会生产力的发展和社会文化与精神层面需要的变化，基于不同历史阶段的不同探究对象和不同的哲学研究主题，西方活力思想的变化主要体现在从世界本源的物质特性活力，到宗教神灵中万能精神代表的活力，再到社会生活中人的理性活力，最后到人本身的主体性活力和生命创造活力的变化，凸显在人与自然对峙、人与神灵对峙和人自身超越与更新的过程中。

（一）古希腊哲学中的活力思想

本源问题从某种意义上也就是生命诞生的追寻问题，只有具有生命，才有可能去谈论活力，因此对世界本源的思索最能体现活力思想最初的萌芽。古希腊哲学主要是探究世界的本源是什么，各位哲学家都是用哲学的理性去解释世界的本源问题，不同学派对此的不同立论，展现为不同元素的宇宙认识论和思维方法。如泰勒斯认为“水”是世界的本源，水变化为万物，万物最后又消解为水（McKirahan R D，2011）；阿那克西美尼认为“气”是世界的本源，气数量上无限，空间上无定形，永恒地变化和运动构成了世界万物的变化（邓晓芒，

2007）；赫拉克里特认为“火”是世界的本源，是万物生灭变化的活力之源等（汪子嵩，1997）。特别是“火”在西方文化背景中被赋予了特殊而又崇高的含义，是生命不息、开启光明的象征，引导者人们探寻真理、追求真理。它代表着斗争、激情、超越、创新，体现着无限的变化、活跃、激情和能量，是力量强大、最具活力的体现。赫拉克利特认为整个世界就是一团永恒燃烧的活火，世界万物都似火一样变动不居，处于永恒的生成变化之中；并特别强调“对立与流变”存在于每一具有活力事物的本性之中”（Ivana，2003），没有这种对立与流变，世界将会消亡。此外，他还提出世界万物的生灭变化不是杂乱无序的，必须遵从必然的法则，即“逻各斯”。也就是说“火”需有度，具有二重性，过度的“火”会带来灾难与毁灭。自此，火就在西方哲学中作为活力的象征延续开来。

（二）中世纪基督教神学中的活力思想

随着社会生产力的发展和当时人们社会文化和精神生活需要的变化，在中世纪人们文化精神层面导致了人与自然的对峙转向了人与神灵之间的对峙，再加上基督教神学本身的包容性，基督教神学在欧洲中世纪占据了主导地位。人们逐渐放弃了对自然界神秘感进行人格化和社会化的探寻，开始从宗教神灵中寻求一个抽象的、无所不能的万能神灵来实现精神寄托，即“上帝”，他成为中世纪整个宇宙中最纯粹的活力代表（梯利，2005）。

（三）近代启蒙理性中的活力思想

经历文艺复兴和人文主义运动后，启蒙思想成为 18 世纪整个西欧社会的主流思潮，掀起了一场涉及政治、经济、文化、社会生活等各个层面的深刻的思想解放与变革的运动。这一时期的哲学研究中最显著的特征是研究主题由宗教神学向社会中的人转变，高扬起人性的旗帜，崇尚人的理性与自由，倡导人借助理性的指导塑造一个自觉能动的自己，人应该具有明智的判断、独立的思考和自我选择的能力（康德，1991）。近代西方哲学三大理性主义者之一的巴鲁赫·德·斯宾诺莎认为“纯依理性的指导而生活的人”就是“自由人”（斯宾诺莎，1997）；西方政治自由主义的鼻祖英国哲学家洛克认为自由离不开理性，它是随着理性的成熟而增长（洛克，1964）；莱布尼茨认为心灵是理性的灵魂，是“有花纹的大理石”和是上帝的肖像；其关于心灵最重要的本性是能动性的阐述成为这一时期活力思想最为突出的体现，即人的能动性与丰富性使之具有活力，存在于人的自我意识和意志自由之中（Bertrand，1900；李天慧，2017）。因此，自由与理性成为这一时期的两大主导精神，也成为这一时期活力观的最显著特质。

（四）德国古典哲学中的活力思想

德国古典哲学家不仅继承了近代启蒙思想中的崇尚理性、追求自由的启蒙精神，而且他们认为人的理性无限至上性和无限能动性日益突显，人的**主体性地位**逐步增强与获得确认和发展。如笛卡尔提出“我思故我在”，为人的主体性地位的确立进一步奠定了基础。康德自觉将人作为主体专门研究，特别是“人为自然界立法”的思想，确立人在宇宙中的中心地位，形成观察思考人与世界关系的主体性视角，主张充分张扬人的理性，肯定人的自由，提高人的**尊严**，赋予人以“**主体性活力**”（董慧，欧阳康，2008）。这种主体性活力主要表现为主体有很强的自我意识和主体意识（康德，1964）、有充分的**认知能动性**、有履行道德责任的**道德实践活力**以及有审美鉴赏和艺术创造的审美活力。黑格尔将理性主体性抬高到“绝对精神主体性”的高度，并认为绝对精神可以自我创造、自我表达和自我扬弃，有产生一切对象的能动性活力，特别是其“辩证的否定”思想，认为“没有任何东西是永恒不变的”，构成了世界万物前进发展的巨大动力，展现出能动的批判、不断开拓创新、积极进取的活力精神（黑格尔，1997）。

（五）生命哲学、生命创造的活力思想

生命哲学是在叔本华的生存意志论、尼采的权力意志论、达尔文的生物进化论和斯宾塞的生命进化论等学说的影响下形成的，主张生命哲学的学者们不满意黑格尔主张的“绝对理性”和唯物主义所依据的“因果决定论”，认为这些思想是对人的个性、人格和自由的否定，主张用生命的发生与发展来解释宇宙。他们认为“竞争”是生命发生与发展的动力，要教导人们认识环境的“残酷”，并通过改进自身去适应和改造世界。因此，生命是世界的本源，可以自由释放能量，本质是一种富有创造性的活力，并在创造过程中更新自己，超越自身。如维廉海姆·狄尔泰（Wilhelm Dilthcy）认为“生命”是一种不能用理性概念描述的活力，是一种不可遏止的永恒的冲动，是一股转瞬即逝的流动，是一种能动的创造力量（马克瑞尔，2003）；法国哲学家亨利·柏格森深受狄尔泰生命哲学思想的影响，并进一步把它生物学化，提出世界本源和万物的根源是“生命之流”，是一种在时间上永动不息且又自发流转的生命冲动，宛如一条河流，川流不息，生机勃勃，绵延流长，成为世界万物生生不息的根源（郑乐平，1989）；齐美尔用“生命比生命更多”和“生命超越生命”两个命题来阐述生命生生不息的创造与自我

超越、自我更新的活力本质，“只要存在生命，就会生育出生动活泼的东西来”（齐美尔，2003）。

总之，西方的活力思想依托主客二分的哲学思维模式，强调人的意识至高无上的地位，鼓励冒险、进取、竞争、创造，把冲突与斗争看作活力的重要表现，将人的主体能动性看作活力的重要内涵，呈现出典型的个体创造式行为方式。

三、中西方文化中活力思想的启示

综观中西方文化中活力思想的发展，并未形成对活力内涵的清晰界定，只是在漫长的文化与哲学研究发展过程中，初步形成了较为朴素的活力意识与活力观念，为今后正确理解与把握活力的本质提供了有益的思路与视角。中西方活力思想中共性观点有：首先，中西方哲学中均认为活力的基本含义是生命力，是世界万物存活、延续、更新、发展的基础与前提。这与词源上对活力最普遍的解释一致，即活力就是旺盛的生命力（《新华汉语词典》，2016）。其次，对活力特性的认知，认为活力是高水平的能量状态，且效果具有双重性，过度活力会带来破坏。再次，活力的主体对象非常明确，世界本源的“水”“火”“气”“道”等有活力，虚无精神代表“上帝”有活力，社会生活中的“人”也有活力，特别是“人”的活力是活力最集中、最有代表性的体现，核心表现为“创造”，有变革、超越、创新、实践能力。然后，“意识力”和“自由”成为有活力的重要条件，个体具有正确的自我意识、敏锐的前瞻力、能动的理性思维和客观的批判力是其具备活力的重要前提，而适度的“自由”，掌握主动与自我选择，成为有活力的重要保障。最后，活力具有正确的方向性，指向当下和未来，有梦想，敢超越，且发展上生生不息，成为人与社会发展的动力之源。

第三章　当代中国大学生活力观的开放式调查

目前活力的实质、活力的结构、活力活动的过程及内在机制等问题始终是一个令人瞩目而又素有争议的问题。随着生命科学、心理学的不断发展，尤其是现代认知心理学和积极心理学的迅速发展，人们对活力问题的探究也不断深入。综合当前的讨论，对活力的定义大致可以归纳为：①旺盛的生命力（李军华，2006）；②高能量的状态（Ryan & Frederick，1997；宋洪波，符明秋等，2015）；③生机勃勃、积极向上的积极精神或情感状态（Shirom et al，2015）；④是一种特质，是优势性格、理想人格和美德的重要组成部分（王振勇，黄希庭，支富华，2015；Peterson & Seligman，2004；Brdar & Kashdan，2010；Toner et al，2012）；⑤是事物得以生存、发展的原因、力量、推动力，具有鲜明的动力特性（董慧，欧阳康，2008）。虽然专家学者的观点不尽相同，但基本的共识是：高活力者具有某些可辨别的明显特征，他们在社会适应、身心健康、学习发展、问题解决、创新等方面具有优于他人的优势。在这一点上，中西方学者对活力的看法有着某些相同之处，表明不同文化间学者对活力的认识有一定的一致性。

那么，我国大学生对活力的看法如何？他们对高活力者的评定标准是否一致呢？本研究采用自由词汇联想法和问卷调查法，旨在了解新时代大学生对活力的理解和对活力特征的评定情况，了解大学生的活力观，并构建大学生活力观的维度，以便促进对活力问题的进一步研究。

一、研究方法

本研究主要采取自由词汇联想法和调查分析法，研究分为两个阶段进行：

（一）编制调查表

1．被试

采取方便取样的方法，在西南大学、内江师范学院和邵阳学院，按专业大类和年级分层取样，从汉语言文学专业和化工专业的1～4年级的1个班中，按照学号每个班抽取10～15名被试，共发放问卷280份，回收有效问卷260份（样本1），其中男生105人，女生155人；大一135人，大二30人，大三80人，大四15人；文史类193人，理工类67人。

采取方便取样的方法，从西南大学、重庆师范大学、邵阳学院和内江师范学院的学生会和学生社团组织中，每所学校抽取8个学生组织，每个组织抽取10名被试，发放问卷320份，回收有效问卷294人（样本2），其中男生109人，女生185人；大一105人，大二75人，大三99人，大四15人；文史类专业195人，理工类99人。

2．方法

首先，让大学生（样本1）围绕“活力”充分展开联想，然后写出自认为最能反映“活力”概念或内容的至少6个词语。其次，让大学生（样本2）根据自己的理解，列出高活力大学生最明显的10项特征。最后，对自由语词联想法收集到的词语和调查法收集到的最明显特征进行同义项合并、初步聚类和频次统计，并选取前100项频次最高的关联词语和最明显特征，进行交叉对比分析，并再次根据内容类型和频次高低进行第2次排序，选出频数最高、最具代表性的描述“高活力大学生”特征的63项，组成正式调查表。

（二）正式调查

1．被试

在重庆、湖南、内蒙古、广东等省市选取4所高校，委托公共课教师在课间休息时施测，发放问卷550份，回收有效问卷463份（样本3）。其中男生194人，女生269人；大一98人，大二130人，大三218人，大四17人；文史类专业82人，理工类专业187人，艺术类专业194人；双一流院校（含985/211）91人，普通一本院校97人，普通二本院校261人，普通三本院校14人。

2．方法

让大学生（样本3）根据自己的理解，对正式调查表中的63项特征与大学生活力的关联程度和重要程度进行评价，数字1～10越大，代表该特征与活力的关联程度和重要程度也越大。作答时间不限。

二、结果

（一）高活力大学生最显著特征的频次统计

根据对 260 名大学生列举的 1560 个有关“活力”的词语和 294 名大学生列举的 2889 条活力最明显特征的内容分析，经过合并、聚类、汇总共获得 209 条关键特征，按累计频次排序整理出前 100 个特征（见表 3–1）。

表 3–1 高活力大学生最显著特征频次统计表

特征	频次	特征	频次	特征	频次	特征	频次
乐观向上	97	激情满满	23	奋斗 / 奋发图强	12	坚强	6
积极参加活动	96	快乐	23	敢于挑战	12	勇于拼搏	6
勤学好问	83	努力	23	充满好奇心	11	心理素质好	6
社交广 / 人缘好	83	勇于创新	22	善于 / 勤于思考	11	幽默风趣	6
活泼开朗	73	精力旺盛	22	社会实践能力强	11	领导能力强	6
热爱运动	65	迎难而上	22	团结友爱	11	自我反省	6
积极进取	60	青春洋溢	21	全面 / 综合素质高	11	自尊 / 尊重	6
积极主动	58	身体健康	19	超越自我	11	充实与忙碌	6
追逐梦想 / 理想	41	坚持不懈	18	思维活跃	10	不拘于常规	5
热情似火	39	兴趣爱好广	18	奋发向上	10	不宅在宿舍	5
不服输 / 不放弃	38	勤奋	17	能量 / 正能量满满	9	真诚待人	5
阳光	34	好动 / 活跃	16	有主见 / 坚持己见	9	自爱	5
目标明确	33	能力强	16	吃饭	8	聪明灵活	4
优秀出众 / 有作为	32	自律	16	举止大方	8	感染他人	4
早睡早起 / 睡眠好	32	坚持锻炼	15	劳逸结合	8	干劲十足	4
热爱生活	31	精神饱满	15	做事效率高	8	恋爱	4
爱笑 / 常笑	29	外向	15	志存高远	8	热心公益	4
乐于助人	28	积极心态	14	参加社团	7	有钱	4
健康	27	充满希望	14	创造 / 有创造力	7	有见识	4
有规划，并努力	26	有责任心	14	动力 / 动力十足	7	高度执行力	4
自信	26	有想法	14	开放	7	自强	4
朝气蓬勃	24	刻苦上进	13	组织能力强	7	斗志昂扬	3
对人和善	24	三观正	13	做喜欢的事情	7	生机勃勃	3
做事认真负责	24	自由	13	爱党爱国	6	自立	3
敢想敢为	23	独立自主	12	果断坚定	6	不忘初心	3

（二）高活力大学生重要特征的等级排序

以高活力特征的平均等级作为指标，通过对 463 份有效问卷进行统计分析，我们得出了高活力大学生所具有的重要特征排序（见表 3–2）。

表 3-2　高活力大学生的重要特征等级排序表

次序	活力特征	平均等级	次序	活力特征	平均等级
1	Q30 对人和善	7.73	33	Q67 斗志昂扬	6.93
2	Q26 身心健康	7.68	34	Q42 坚持不懈	6.91
3	Q31 做事认真负责	7.55	35	Q41 兴趣爱好广泛	6.90
4	Q33 快乐	7.52	36	Q15 积极进取	6.90
5	Q24 笑口常开	7.49	37	Q66 执行力强	6.87
6	Q25 乐于助人	7.38	38	Q17 满腔热情	6.86
7	Q23 热爱生活	7.37	39	Q28 有规划并为之奋斗	6.86
8	Q68 正能量满满	7.36	40	Q54 奋发图强	6.85
9	Q60 吃饭	7.34	41	Q36 精力旺盛	6.84
10	Q52 有责任心	7.33	42	Q43 勤奋	6.84
11	Q63 旺盛的生命力	7.31	43	Q20 目标明确	6.82
12	Q57 团结友爱	7.29	44	Q71 生活有保障	6.80
13	Q50 对未来充满希望	7.24	45	Q39 勇往直前	6.78
14	Q53 自由	7.22	46	Q58 超越自我	6.75
15	Q19 阳光开朗	7.21	47	Q38 迎难而上	6.71
16	Q56 独立自主	7.19	48	Q69 喜欢挑战	6.68
17	Q49 积极心态	7.18	49	Q45 自律	6.65
18	Q65 心理素质好	7.17	50	Q48 外向	6.63
19	Q32 激情满满	7.09	51	Q10 社交广，人缘好	6.61
20	Q40 青春洋溢	7.08	52	Q70 有创造力	6.60
21	Q8 乐观向上	7.07	53	Q21 睡眠好	6.60
22	Q29 朝气蓬勃	7.07	54	Q12 活泼好动	6.57
23	Q61 劳逸结合	7.06	55	Q37 勇于创新	6.57
24	Q18 轻易放弃	7.05	56	Q51 远见卓识	6.54
25	Q35 努力	7.03	57	Q44 能力强	6.51
26	Q16 追逐梦想 / 理想	7.02	58	Q47 积极锻炼	6.47
27	Q34 敢想敢为	6.96	59	Q11 勤学好问	6.41
28	Q59 有主见	6.96	60	Q9 积极参加各项活动	6.34
29	Q55 拼搏进取	6.95	61	Q14 热爱运动	6.21
30	Q27 自信	6.95	62	Q22 优秀出众	5.81
31	Q62 动力十足	6.94	63	Q64 恋爱	5.38
32	Q46 精神饱满	6.94	—	—	—

（三）高活力大学生重要特征评定等级的差异检验

在对高活力大学生重要特征的评定等级差异检验中，我们发现在某些特征的评定等级上，存在性别、年级、专业、学校层次上的显著差异。用添号秩次差异检验法（M–W TEST）分别对不同性别、不同年级、不同学校层次受调查者的评定等级作差异著性检验，对专业类型因素作 K–W 单因素等级方差分析，差异显著题项的结果如下（见表 3–3）。

表 3–3　高活力大学生重要特征的差异检验

类别		Q8	Q9	Q10	Q11	Q12	Q14	Q15
性别的平均等级	男	6.93	6.35	6.69	6.62	6.50	6.78	6.94
	女	7.14	6.34	6.58	6.31	6.60	5.94	6.88
M–W Test Z		−1.115	−0.269	−0.905	−0.1.927	−0.281	−3.819***	−0.393
年级的平均等级	低	7.00	6.39	6.58	6.27	6.50	6.06	6.83
	高	7.14	6.29	6.64	6.54	6.63	6.36	6.97
M–W Test Z		−0.963	−0.361	−0.558	−1.463	−1.001	−1.688	−0.990
学校层次平均等级	1	7.27	7.03	6.90	6.82	6.68	6.55	7.17
	2	7.02	6.16	6.55	6.31	6.54	6.13	6.83
M–W Test Z		−1.845	−4.128***	−2.147*	−2.287*	−1.055	−1.540	−1.671
专业的平均等级	W	7.33	6.91	6.99	6.59	6.83	5.9	7.13
	L	7.20	6.47	6.73	6.48	6.73	6.66	7.09
	Y	6.83	5,98	6.34	6.26	6.30	5.90	6.62
K–W T test Chi–Sq		8.687*	16.575***	10.446**	2.473	8.725*	13.243**	9.821**
多重比较（P<0.017）		DS:W–Y；L–Y	DS:W–Y；L–Y	DS :W–Y；L–Y	—	DS:L–Y	DS:W–L；L–Y	DS:L–Y

类别		Q17	Q18	Q19	Q22	Q23	Q27	Q28
性别的平均等级	男	6.85	7.41	7.17	5.89	7.28	7.11	6.83
	女	6.87	6.88	7.24	5.78	7.41	6.87	6.87
M–W Test Z		−0.196	−2.837**	−0.443	−0.273	−0.777	−1.283	−0.303
年级的平均等级	低	6.83	7.01	7.20	5.63	7.36	6.86	6.82
	高	6.97	7.09	7.23	5.99	7.39	7.04	6.89
M–W Test Z		−0.683	−0.567	−0.236	−1.981*	−0.458	−1.015	−0.350
学校层次平均等级	1	7.34	7.50	7.30	6.14	7.48	7.30	7.18
	2	6.75	7.19	7.19	5.74	7.35	6.87	6.78
M–W Test Z		−2.838**	−2.509*	−0.853	−1.725	−1.396	−2.213*	−2.085*
专业的平均等级	W	7.28	7.40	7.45	6.05	7.50	7.13	7.05
	L	6.99	7.26	7.43	5.98	7.54	7.25	6.96
	Y	6.57	6.69	6.91	5.56	7.15	6.58	6.68
K–W T test Chi–Sq		10.849**	12.085**	10.369**	6.877*	6.706*	13.143**	3.576
多重比较（P<0.017）		DS:W–Y；L–Y	DS:W–Y；L–Y	DS:L–Y	DS:L–Y	DS:L–Y	DS:L–Y	—

续表

类别		Q34	Q36	Q37	Q38	Q39	Q40	Q42
性别的平均等级	男	7.11	7.02	6.81	7.05	7.12	7.18	7.10
	女	6.89	6.75	6.46	6.54	6.62	7.04	6.82
M–W Test Z		−0.914	−1.234	−1.761	−2.662**	−2.784**	−0.822	−1.691
年级的平均等级	低	7.06	6.81	6.52	6.63	6.75	7.08	6.78
	高	6.87	6.87	6.62	6.79	6.81	7.08	7.04
M–W Test Z		−0.860	−0.187	−0.718	−0.824	−0.448	−0.076	−1.489
学校层次平均等级	1	7.32	7.14	6.98	7.14	6.95	7.14	7.22
	2	6.88	6.77	6.47	6.61	6.74	7.07	6.84
M–W Test Z		−2.585**	−2.072*	−2.930**	−2.930*	−1.663	−1.016	−2.252*
专业的平均等级	W	7.13	6.99	6.83	6.87	6.87	6.95	6.94
	L	7.03	7.03	6.65	6.81	6.91	7.30	7.04
	Y	6.83	6.59	6.38	6.54	6.62	6.92	6.77
K–W T test Chi–Sq		3.025	8.313*	6.311*	4.277	4.479	6.157*	2.708
多重比较（*P*<0.017）		—	DS: L–Y	DS: L–Y	—	—	DS: L–Y	—

类别		Q44	Q46	Q47	Q48	Q49	Q50	Q51
性别的平均等级	男	6.78	7.11	6.77	6.48	7.23	7.19	6.74
	女	6.38	6.85	6.33	6.70	7.16	7.25	6.45
M–W Test Z		−2.162*	−1.290	−2.141*	−1.010	−0.242	−0.374	−1.506
年级的平均等级	低	6.40	6.82	6.43	6.49	7.23	7.21	6.51
	高	6.61	7.04	6.51	6.77	7.13	7.26	6.57
M–W Test Z		−1.395	−1.589	−0.422	−1.736	−0.435	−0.383	−0.351
学校层次平均等级	1	6.85	7.30	7.05	6.81	7.34	7.20	6.88
	2	6.43	6.85	6.34	6.59	7.14	7.24	6.46
M–W Test Z		−2.315*	−2.680**	−3.090**	−1.297	−1.470	−0.384	−2.099*
专业的平均等级	W	6.66	6.95	6.55	6.74	7.48	7.20	6.54
	L	6.71	7.22	6.70	6.82	7.32	7.47	6.60
	Y	6.26	6.65	6.22	6.40	6.92	7.03	6.48
K–W T test Chi–Sq		7.696*	11.627**	8.298*	6.472*	8.582*	6.426*	0.718
多重比较（*P*<0.017）		DS:L–Y	DS:L–Y	DS:L–Y	DS:L–Y	DS:W–Y	DS:L–Y	—

续表

类别		Q55	Q58	Q65	Q67	Q70
性别的平均等级	男	7.24	7.17	7.32	7.10	6.62
	女	6.82	6.56	7.10	6.85	6.59
M–W Test Z		–2.331*	–3.691***	–1.138	–1.148	–0.087
年级的平均等级	低	6.93	6.82	7.17	6.85	6.56
	高	6.98	6.69	7.17	7.00	6.64
M–W Test Z		–0.384	–0.500	–0.031	–0.913	–0.558
学校层次平均等级	1	7.16	6.81	7.39	7.20	7.05
	2	6.90	6.74	7.12	6.86	6.50
M–W Test Z		–1.735	–0.872	–1.510	–2.106*	–2.653**
专业的平均等级	W	7.09	6.70	7.38	6.90	6.77
	L	7.06	6.85	7.35	7.16	6.61
	Y	6.79	6.69	6.91	6.72	6.52
K–W T test Chi–Sq		3.536	2.339	7.583*	6.576*	1.797
多重比较（P<0.017）		—	—	—	DS:L–Y	DS:L–Y

注　①年级平均等级中的“低”代表“大一＋大二学生”，“高”代表“大三＋大四”学生；②学校层次平均等级中，1 代表“普通一本＋双一流院校（含 985/211）”；2 代表“普通二本院校＋三本院校”。③ DS：差异显著；W：文史类专业；L：理工类专业；Y：艺术类专业（音、体、美）。④ *P<0.05；**P<0.01；***P<0.001。

第一，在性别上，有 55 项评定等级差异不显著，有 8 项评定等级差异显著；男生比女生对“自由、勇往直前、超越自我、迎难而上、不服输与轻易放弃、热爱运动、积极锻炼、能力强”等特征的评定等级更高。

第二，在年级上，有 62 项评定等级差异不显著，有 1 项评定等级差异显著；大学生高年级比低年级对“优秀出众”特征的评定等级更高。

第三，在学校层次上，有 45 项评定等级差异不显著，有 18 项评定等级差异显著；重点院校（一本及以上）大学生比普通院校（二本及以下）大学生对“斗志昂扬、坚持不懈、满腔热情、有人生规划并为之奋斗、精力旺盛、迎难而上、社交广 / 人缘好、有创造力、不服输与轻易放弃、敢拼敢闯 / 敢想敢为、自信、精神饱满、积极参加各项活动、远见卓识、能力强、积极锻炼、勤学好问、勇于创新”等特征的评定等级更高。

第四，在专业类型上，有 40 项评定等级差异不显著，有 23 项评定等级差异显著。多重比较发现：理工类和文史类专业大学生只在“热爱运动”上的评定等级差异显著，即理工类专业大学生认为“热爱运动”是更具活力的表现；非艺术类（文史＋理工）与艺术类大学生之间在23项活力特征的评定上均差异显著，即非艺术类比艺术类专业大学生对“斗志昂扬、积极进取、热爱生活、精力旺盛、对未来充满希望、阳光开朗、积极心态、心理素质好、外向、社交广/人缘好、青春洋溢、乐观向上、活泼好动、勇于创新、不服输与轻易放弃、能力强、积极锻炼、积极参加各项活动、热爱运动、自信、优秀出众、精神饱满”等特征的评定等级更高。

（四）高活力大学生重要特征的聚类分析

根据高活力大学生重要特征的平均等级排序，对平均等级>6（最高等级为10）的61项重要特征进行系统聚类分析，结果发现高活力大学生的61项重要特征大概可以分为五类：

A. 身心健康，热爱生活，吃饭，自由，独立自主，快乐，笑口常开，对人和善，做事认真负责，乐于助人，有责任心，团结友爱，激情满满，朝气蓬勃，自信，睡眠好，生活有保障等组成的特征群。

B. 对未来充满希望，拼搏进取，奋发图强，超越自我，喜欢挑战，有创造力，动力十足，正能量满满，旺盛的生命力，积极心态，心理素质好，青春洋溢，劳逸结合，有主见，精神饱满，斗志昂扬，执行力强，能力强，远见卓识等组成的特征群。

C. 坚持不懈，自律，迎难而上，勇往直前，有人生规划并为之奋斗，目标明确，兴趣爱好广泛，精力旺盛，勤奋，勇于创新，努力，敢拼敢闯/敢想敢为等组成的特征群。

D. 不服输与轻易放弃，追逐梦想（理想），积极进取，积极锻炼，勤学好问，热爱运动，满腔热情等组成的特征群。

E. 阳光开朗，乐观向上，外向，社交广与人缘好，活泼好动，积极参加各项活动等组成的特征群。

三、讨论

（一）大学生活力观结构维度的分析

从表3-1和表3-2看，高活力大学生最显著特征的频数与重要特征的平均等级间的排序差异非常大，将各自前 20 项对比，无一重叠，直至第 22 项“朝气蓬勃”特征上出现第一重叠。从各自前 20 项特征的内容分析看，高活力大学生最显著特征侧重了更外显的活力表面特征，如乐观向上、积极参加各项活动、勤学好问、社交广人缘好、活泼开朗、热爱运动等；而高活力大学生重要特征侧重了活力的深层特征，如对人友善、身心健康、快乐、助人、热爱生活、正能量、生命力等涉及生存层面的内容。参照人格特质的研究的一般范式，大学生活力也应该是一个具有多层特征的结构，认识与测评活力需要兼顾表层特征和深层特征。

进一步对高活力特征的平均等级 >6 的（最高等级为 10）61 项重要特征进行系统聚类分析，结果发现 61 项高活力特征大致可以归为 4 类：①生存力（A 特征群），是活力的基础性因素和产生的前提，主要体现在生命力维持和身心健康两个主要方面。生命力是指个体存活与维持正常生命活动的能力，比如吃饭、自由、睡眠好、生活有保障等；健康是指个体在身体、心理和社会等方面处于良好的状态，比如快乐、对人和善、乐于助人、有责任心、团结友爱等。②发展力（B 特征群），是活力最本质的规定，是最具活力的体现，反映了时间维度上活力指向未来的特性，主要体现在进取性、超越自我和创造力三个方面。进取性主要指个体努力上进，力图有所作为，比如拼搏进取、奋发图强、勤学好问、动力十足、斗志昂扬、不服输与轻易放弃、对未来充满希望等；超越自我是指个体发展突破与卓越，比如追逐梦想（理想）、能力强、远见卓识、喜欢挑战、有主见等；创造力是指产生新思想，发现和创造新事物的能力，反映出高创造性，比如创新意识、创新动机、创新成果等。③适应力（C 和 D 特征群），是活力更新、延续的保障，是一种积极应对变化、有效处置各类冲突，持续有效重建，保持良好身心平衡的自我修复能力，尤其是面对困境或挑战时的应对能力，比如坚持不懈、自律、迎难而上、勇往直前、勤奋、努力、敢想敢为等特征。④外向性人格特质（E 特征群），是活力的支撑，积极的人格特质助推着活力的绽放，具体包括阳光开朗、乐观向上、外向、社交广人缘好、活泼好动、积极参加各项活动等特征。初步构建了大学生活力理论结构应该包括生存力、发展力、适应力和外向性四因素，为我们进一步厘清活力的结构与内涵奠定了坚实的基础。

（二）大学生活力观的一般认知特点分析

从活力重要特征的差异检验看，首先，不同性别、年级的大学生，对高活力重要特征的评定总体上是一致的。主要差异有二：一是男生比女生更看重活力在发展力和适应力指标上的表现，反映出大学生的活力是受社会性别角色的影响；

二是高年级比低年级大学生更看重活力在发展力的表现，这可能是大学生不同发展阶段的关注点不同所致。其次，不同学校层次、专业的大学生，对高活力重要特征的评定存在较大的差异。在学校层次上，重点（含985/211）院校的大学生比普通院校的大学生更关注在发展力和适应力指标上的活力表现，反映出大学生对活力的认识与其所处的教育环境着一定的关联；在不同专业上，学生评定等级的差异主要来自艺术类学生与非艺术类学生评定等级的差异，结果显示：艺术类学生不如其他专业学生更看重活力在发展力和适应力指标上的表现，特别是在“勇于创新”特征的评定等级显著低于文史类专业学生，似乎创新是活力的关键指标没有在艺术类学生的评定上得到充分体现，与艺术类专业本身的高创造性特点不一致，这是一个非常值得探究的问题。此外，文史类和理工类专业大学生对活力重要特征的评定等级基本一致，唯一的差异是理工类大学生更看重活力在热爱运动上的表现，运动作为活力日常生活最常见的表现形式，成为理工类专业大学生有活力与否的重要判断依据。

四、结论

当前大学生对活力的理解，整体上具有较大的一致性，并且与心理学专家的看法也有相似之处。对不同性别、年级、专业、学校层次间大学生的调查分析看，多数特征的评定等级差异不显著，少数特征差异显著，其变异来源可能是受到社会角色期望、所处发展阶段的关注点、自身综合素质、成长发展的教育环境等方面的影响所致，反映了活力具有一定的动态变化性。此外，大学生对活力的理解是比较全面的，对活力特征的评定，既有表面特征的直观感知，又有对活力深层结构的理解与把握，经系统聚类分析，初步形成了一个包含生存力、发展力、适应力、外向性人格特质等多个层面的理论结构。这与国外诸多研究单从表面特征的理解与测评明显不同，反映了理解与测评中国人活力的复杂性。

第四章　中国大学生活力问卷的编制

通过之前的文献综述分析、传统文化中活力思想的探究以及大学生活力公众观调查等一系列研究，初步探明了中国大学生活力的内涵和结构，提出了一个涉及生存力、适应力、外向人格特质和发展力四个方面的七因素理论构想，并验证了活力作为一种积极的品质，对人们的心理、生理、工作、学习、生活等方面的提升有着诸多积极作用。为了进一步验证理论构想，从实证的角度全面地了解、验证中国大学生活力的特点和功能，我们需要一个可以量化活力水平的测量工具。当前多数学者将活力作为一个因子在其他研究中被测量，或者作为一个侧面单独测评，而且测量的形式主要采用自陈量表形式。按照目前已有测评工具的应用范围，大致分为两大类：一类是将活力作为测评生命质量的指标之一，认为活力是对主体身心状态的反映，常见的有主观活力量表（Subjective Vitality Scale）（Ryan & Frederick，1997）、精神活力测量（mental vitality）（Richman et al，2009）和情绪活力量表（Barbic S.P.，Bartlett S.J.，Mayo N.E.，2015）。另一类是将活力作为个体工作和学习状态的测评指标之一，应用于组织行为学和积极行为学领域。常见的有工作投入量表（Schaufeli et al，2002）和工作活力量表（Shirom，2011）。然而，当前对活力的测量基本上是国外研发，国内进行适应性研究。虽多数活力量表得到中国化验证，但因中西方社会文化背景和哲学思想根基的差异性，是否具有真正的跨文化一致性还需进一步探究。此外，国内外对活力的测量多是基于纯理论思辨式的认知，缺乏对活力构成要素及理论结构的质性分析，影响了活力测量指标的的可信性和有效性，在某种程度上限制了活力研究的进一步发展（宋传颖，2019）。因此，本研究拟参照王登峰的人格理论（王登峰，崔红，2003）和黄希庭的健全人格理论（黄希庭，2010）中与活力相关人格特质的描述（如外向性中的“活跃、乐观”；情绪性中的“耐受性”；才干中的“敢为、坚韧、机敏”；人际关系中的“热情”；处事态度中的“自信、自立、自强”等），采取定性研究的范式，构建中国大学生活力的理论结构，并研制一个与中国文化传统相契合、与当下时代背景相一致的大学生活力量表，这将有利于客观评价大学生活力状况，为促进大学生身心健康和提升大学生发展成效提供参考依据。

一、大学生活力初测问卷的编制

（一）方法

1．被试

调查采用方便抽样的方法，以个别调查和小规模团体调查相结合的方式进行。在重庆、四川、湖南、内蒙古、广东等省市选取 7 所高校，委托公共课教师在课间休息时施测，发放问卷 700 份，有效问卷 634 份。其中，男生 255 人，女生 379 人；文史类 318 人，理工类 152 人，艺术类 164 人；大一 140 人，大二 82 人，大三 339 人，大四 73 人；学生会及社团干部 408 人，无干部经历者 226 人；211 或 985 重点院校者 92 人，普通一本院校者 219 人，普通二本院校者 261 人，独立学院者 62 人。

2．项目编制

依据自由词汇联想法和高活力特征的调查结果，参照构建的大学生活力理论结构，构建大学生活力量表题项库，共 258 项，包括反映活力的 100 个高频词语、高活力者 100 项最明显特征和文献梳理整理的 58 个量表条目。

为了使量表条目表达规范、准确，首先请 2 名汉语言文学专业和 1 名心理学专业的博士一起合并同义项，或将题项的核心含义补充成完善的句子，形成表述标准的活力量表题项；其次请 1 名心理学教授对第一次评析的结果进行第二次评析，把表述不清或内容重复的删除或合并；最后请 5 名社团干部对第 2 次评析结果进行试阅，提出修改意见。最终形成包含 83 个条目的预测量表，所有条目随机排列，采用 1（完全不符合）～ 5（完全符合）的 5 点评分，其中第 79 个条目反向计分。得分越高表示当前的活力越高。

3．程序

本研究采取现场团体施测与网络个别施测相结合的办法。现场施测由受过心理学问卷施测培训的教师在课间休息时间以班级为单位通过问卷星集体施测，施测前阅读、讲解统一指导语，并监控作答。网络个别施测采用问卷星编制问卷链接，发放至被试的手机端或 PC 端，由其独自进行作答，问卷链接提前将每道题设为必答题（不允许跳过、漏答），设置每道题最少作答时间，并通过质量检测题将重复题项不同作答的问卷直接剔除。问卷收回、录入后，采用 IBM SPSS Statistics 进行项目分析和探索性因素分析。

（二）结果

1．项目分析

结果见表 4-1、表 4-2。通过项目分析能够项检验编制的问卷或测验个别题项的切适性和可靠程度（吴明隆，2010）。第一步对经过筛选后留下的有效数据进行极端值、缺失值处理。第二步采用临界比率法判定题项的区分度，初测问卷中测量活力水平的 83 个题项进行分组后，27% 高分组和 27% 低分组组间均值差异 t 值达均达到 0.01 显著性，在区分度指标上全部合格。第三步对各题项进行同质性检验，包括各题项得分与总分相关（需达到大于或等于 0.400）、题项校正后与总分的相关（需达到大于或等于 0.400）、题项删除后的 α 值（需小于或等于 α 值，α 值 =0.981）、共同性（需大于或等于 0.2）以及各题项在共同因素上的因素负荷量（需大于或等于 0.450）。根据标准，活力问卷中 V33、V39 题两项指标不合格，V79 题三项指标不合格，其余题项各项指标均合格。删除该三道题项后，其余题项继续进行探索性因素分析。

表 4-1　大学生活力问卷项目分析

题项	极端组比	题项与总分相关		同质性检验			未达标准	备注
	决断值	相关	校正相	题项删除后 α 值	共同度	因素负荷		
V1	8.367***	0.489**	0.475	0.981	0.232	0.482	0	留
V2	10.793***	0.531**	0.514	0.981	0.270	0.520	0	留
V3	11.989***	0.617**	0.605	0.981	0.374	0.611	0	留
V4	12.018***	0.603**	0.591	0.981	0.354	0.595	0	留
V5	10.423***	0.590**	0.577	0.981	0.350	0.592	0	留
V6	8.894***	0.475**	0.460	0.981	0.217	0.466	0	留
V7	10.100***	0.552**	0.536	0.981	0.296	0.544	0	留
V8	8.141***	0.460**	0.447	0.981	0.209	0.457	0	留
V9	9.344***	0.514**	0.501	0.981	0.257	0.507	0	留
V10	12.944***	0.614**	0.603	0.981	0.374	0.612	0	留
V11	8.725***	0.465**	0.451	0.981	0.209	0.457	0	留
V12	11.319***	0.544**	0.533	0.981	0.290	0.538	0	留
V13	12.009***	0.606**	0.593	0.981	0.357	598	0	留

续表

题项	极端组比	题项与总分相关		同质性检验			未达	备注
	决断值	相关	校正相	题项删除后 α 值	共同度	因素负荷	标准	
V14	10.310***	0.541**	0.527	0.981	0.282	0.531	0	留
V15	11.447***	0.608**	0.596	0.981	0.367	0.606	0	留
V16	14.045***	0.698**	0.688	0.981	0.490	0.700	0	留
V17	11.073***	0.605**	0.593	0.981	0.366	0.605	0	留
V18	9.514***	0.544**	0.533	0.981	0.298	0.546	0	留
V19	10.683***	0.538**	0.525	0.981	0.287	0.536	0	留
V20	10.030***	0.526**	0.513	0.981	0.278	0.527	0	留
V21	12.197***	0.634**	0.622	0.981	0.399	0.632	0	留
V22	11.490***	0.569**	0.557	0.981	0.322	0.568	0	留
V23	12.716***	0.626**	0.613	0.981	0.380	0.616	0	留
V24	10.101***	0.599**	0.584	0.981	0.355	0.596	0	留
V25	10.102***	0.516**	0.501	0.981	0.255	0.505	0	留
V26	12.377***	0.622**	0.610	0.981	0.388	0.623	0	留
V27	13.216***	0.652**	0.641	0.981	0.425	0.652	0	留
V28	15.428***	0.731**	0.722	0.981	0.533	0.730	0	留
V29	16.086***	0.718**	0.708	0.981	0.517	0.719	0	留
V30	11.557***	0.629**	0.616	0.981	0.397	0.630	0	留
V31	12.367***	0.680**	0.670	0.981	0.467	0.683	0	留
V32	15.408***	0.756**	0.748	0.981	0.572	0.757	0	留
V33	7.730***	0.454**	0.435	0.981	0.195	0.441	2	删
V34	14.589***	0.714**	0.704	0.981	0.512	0.716	0	留
V35	14.633***	0.743**	0.735	0.981	0.561	0.749	0	留
V36	14.931***	0.756**	0.748	0.981	0.582	0.763	0	留
V37	16.854***	0.725**	0.716	0.981	0.534	0.731	0	留
V38	11.031***	0.613**	0.600	0.981	0.384	0.620	0	留
V39	7.480***	0.431**	0.417	0.981	0.189	0.434	2	删
V40	14.394***	0.722**	0.712	0.981	0.519	0.720	0	留
V41	9.474***	0.531**	0.516	0.981	0.276	0.525	0	留
V42	9.758***	0.592**	0.579	0.981	0.349	0.591	0	留
V43	10.960***	0.611**	0.598	0.981	0.369	0.608	0	留
V44	12.851***	0.689**	0.678	0.981	0.480	0.693	0	留

续表

题项	极端组比	题项与总分相关		同质性检验			未达标准	备注
	决断值	相关	校正相	题项删除后 α 值	共同度	因素负荷		
V45	14.127***	0.708**	0.697	0.981	0.504	0.710	0	留
V46	13.914***	0.700**	0.689	0.981	0.480	0.692	0	留
V47	15.130***	0.706**	0.695	0.981	0.495	0.703	0	留
V48	14.619***	0.701**	0.690	0.981	0.484	0.696	0	留
V49	14.190***	0.701**	0.690	0.981	0.483	0.695	0	留
V50	12.635***	0.628**	0.614	0.981	0.382	0.618	0	留
V51	14.168***	0.701**	0.690	0.981	0.479	0.692	0	留
V52	10.288***	0.569**	0.552	0.981	0.308	0.555	0	留
V53	12.041***	0.682**	0.672	0.981	0.472	0.687	0	留
V54	13.381***	0.674**	0.662	0.981	0.458	0.677	0	留
V55	10.032***	0.597**	0.584	0.981	0.365	0.604	0	留
V56	13.519***	0.710**	0.701	0.981	0.513	0.716	0	留
V57	15.344***	0.739**	0.730	0.981	0.550	0.742	0	留
V58	15.076***	0.762**	0.754	0.981	0.587	0.766	0	留
V59	15.129***	0.742**	0.734	0.981	0.550	0.742	0	留
V60	13.375***	0.704**	0.694	0.981	0.503	0.709	0	留
V61	14.388***	0.658**	0.647	0.981	0.435	0.659	0	留
V62	13.180***	0.723**	0.715	0.981	0.534	0.731	0	留
V63	12.884***	0.654**	0.641	0.981	0.424	0.651	0	留
V64	9.359***	0.595**	0.584	0.981	0.365	0.604	0	留
V65	13.167***	0.701**	0.691	0.981	0.500	0.707	0	留
V66	10.222***	0.572**	0.561	0.981	0.332	0.577	0	留
V67	12.243***	0.656**	0.646	0.981	0.431	0.657	0	留
V68	11.588***	0.657**	0.647	0.981	0.437	0.661	0	留
V69	10.752***	0.661**	0.651	0.981	0.447	0.669	0	留
V70	11.566***	0.660**	0.649	0.981	0.444	0.667	0	留
V71	11.286***	0.664**	0.653	0.981	0.452	0.672	0	留
V72	14.402***	0.708**	0.699	0.981	0.512	0.716	0	留
V73	12.381***	0.667**	0.657	0.981	0.455	0.675	0	留
V74	13.174***	0.654**	0.643	0.981	0.437	0.661	0	留
V75	15.326***	0.733**	0.725	0.981	0.546	0.739	0	留

续表

题项	极端组比	题项与总分相关		同质性检验			未达标准	备注
	决断值	相关	校正相	题项删除后 α 值	共同度	因素负荷		
V76	11.625***	0.674**	0.664	0.981	0.462	0.680	0	留
V77	13.950***	0.719**	0.710	0.981	0.530	0.728	0	留
V78	13.353***	0.704**	0.694	0.981	0.508	0.713	0	留
V79	0.285***	0.061**	0.037	0.981	0.001	0.038	3	删
V80	10.241***	0.650**	0.639	0.981	0.428	0.655	0	留
V81	16.544***	0.768**	0.760	0.981	0.602	0.776	0	留
V82	11.398***	0.574**	0.561	0.981	0.332	0.576	0	留
V83	14.322***	0.697**	0.687	0.981	0.492	0.702	0	留
判断准则 P	≥ 3.000	≥ 0.400	≥ 0.400	≤ 0.981	≥ 0.200	≥ 0.450	—	

注 **P<0.01；***P<0.001。

表 4-2 活力问卷探索性因素分析摘要表

项目	坚毅性	创新性	外向性	进取性	旺盛生命力	良好认知力	身心健康	共同度
V70	0.768	—	—	—	—	—	—	0.711
V71	0.758	—	—	—	—	—	—	0.696
V72	0.730	—	—	—	—	—	—	0.729
V69	0.707	—	—	—	—	—	—	0.655
V73	0.672	—	—	—	—	—	—	0.609
V68	0.660	—	—	—	—	—	—	0.601
V75	0.630	—	—	—	—	—	—	0.639
V74	0.595	—	—	—	—	—	—	0.560
V67	0.578	—	—	—	—	—	—	0.567
V65	0.544	—	—	—	—	—	—	0.591
V50	—	0.850	—	—	—	—	—	0.822
V49	—	0.829	—	—	—	—	—	0.855
V51	—	0.806	—	—	—	—	—	0.828
V48	—	0.790	—	—	—	—	—	0.814
V52	—	0.749	—	—	—	—	—	0.670
V46	—	0.747	—	—	—	—	—	0.737
V47	—	0.644	—	—	—	—	—	0.666
V23	—	—	0.754	—	—	—	—	0.751
V2	—	—	0.752	—	—	—	—	0.668
V1	—	—	0.672	—	—	—	—	0.640

续表

项目	坚毅性	创新性	外向性	进取性	旺盛生命力	良好认知力	身心健康	共同度
V25	—	—	0.663	—	—	—	—	0.594
V17	—	—	0.591	—	—	—	—	0.645
V55	—	—	—	0.791	—	—	—	0.759
V56	—	—	—	0.762	—	—	—	0.822
V54	—	—	—	0.702	—	—	—	0.707
V60	—	—	—	0.559	—	—	—	0.634
V44	—	—	—	0.527	—	—	—	0.603
V29	—	—	—	—	0.732	—	—	0.810
V28	—	—	—	—	0.705	—	—	0.826
V37	—	—	—	—	0.590	—	—	0.701
V34	—	—	—	—	0.574	—	—	0.677
V32	—	—	—	—	0.553	—	—	0.762
V9	—	—	—	—	—	0.713	—	0.647
V10	—	—	—	—	—	0.677	—	0.693
V13	—	—	—	—	—	0.662	—	0.706
V12	—	—	—	—	—	0.660	—	0.610
V31	—	—	—	—	—	—	0.729	0.805
V5	—	—	—	—	—	—	0.718	0.703
V30	—	—	—	—	—	—	0.657	0.674
特征值	17.201	2.752	2.321	1.479	1.311	1.107	1.016	—
解释变异总量（69.714%）	16.210%	14.869%	9.032 %	8.871 %	7.620 %	7.022 %	6.090 %	

2．探索性因素分析

KMO 和 Bartlett 球形检验结果显示，KMO 值为 0.955，Bartlett 球形检验值显著（$P<0.001$），适合进行因素分析。对预测问卷的 80 个条目，条目和因子删除标准：①因素负荷 <0.5；②同时在 2 个因素上负荷 >0.4；③共同度 <0.16（$h^2<0.16$）；④特征根 >1 但包含条目少于 3 个的因子。经过前后 4 次探索性分析，最终抽取 7 个共同因素，39 个条目，解释总变异的 69.71%。

（三）结论

中国大学生活力问卷可以划分为坚毅性、创新性、外向性、进取性、旺盛生命力、良好认知力和身心健康七个维度，每个维度依次包含的题项是 10 项、7 项、5 项、5 项、5 项、4 项和 3 项，共计 39 项。

二、问卷的信效度检验

前一个研究所编制的中国大学生活力问卷，还需要从测量学的角度来确定其是否有效。本研究拟检验该问卷的信度和效度，为验证其为科学有效的测量工具提供依据。

在效标的选择上，由于目前对活力的测量多数将活力作为一个因子在其他研究中被测量，如测量主体身心状态的《老年人简明健康调查问卷（SF-36）》和《简明心境量表（BPOMS）》，用于评估测评对象的生命质量和健康；测量主体工作和学习状态的《工作投入量表》和《工作活力量表（SMVM 量表）》。仅有几个量表是从单一侧面对活力进行了测评，如《主观活力量表（SVS）》《情绪活力量表》。为此，本研究选择了应用较多的《主观活力量表（SVS）》作为大学生活力问卷的校标工具。《主观活力量表（SVS）》共 7 个条目，主题涉及“有生机、有能量、有精神、警醒、鼓励、向前看、有爆发力”等内容，可以作为积极健康的整体指标。采用 7 点评分（1= 非常不符合、2= 较为不符合、3= 有点不符合、4= 一般、5= 有点符合、6= 较为符合、7= 非常符合），让被试直接对当前状态进行自陈。量表的信度系数是 0.89。

（一）方法

1．被试

在重庆、四川、浙江、山东、北京、湖南、内蒙古、广东等省市选取 9 所高校，委托公共课教师和辅导员在课间休息时或晚自习施测，发放问卷 1800 份，有效问卷 1503 份。其中，男生 638 人，女生 865 人；文史类 319 人，理工类 325 人，艺术类 554 人；大一 511 人，大二 386 人，大三 288 人，大四 307 人；学生会及社团干部经历者 1058 人，无干部经历者 445 人；双一流（含 211/985）院校 328 人，普通一本院校者 355 人，普通二本院校者 742 人，独立学院者 78 人。用方便取样的方法，选取其中 100 人为重测对象，在第一次施测后的第三周进行重测。其中男生 46 人，女生 54 人。

2．程序

本研究现场团体施测与个别施测相结合的办法。指导语中告知被试，这份问卷旨在调查大学生对当下自我状态的看法，回答无对错之分，请被试根据实际情况和真实想法回答问题，为了对信息保密，本问卷不记名，所有信息只用于科学研究。现场施测由受过心理学问卷施测培训的公共课教师和辅导员在课间休息或晚自习时，采取问卷星编制问卷链接的方式，用被试的手机端或 PC 端统一组织完成，施测前阅读、讲解统一指导语，并监控作答。个别施测采取上述操作方式，由被试独自进行作答完成。问卷星编制问卷时将每道题设为必答题（不允许跳过、漏答），设置每道题最少作答时间，并通过质量检测题将重复题项不同作答的问卷直接剔除。问卷收回、录入后，采用 IBM SPSS Statistics 进行统计分析。采用 IBM SPSS Statistics 对筛选后的数据做信度分析和校标效度检验，采用 AMOS 17.0 做验证性因素分析。

（二）结果

调查结果见表 4-3。

1．信度

主要采用分半信度和同质性信度（以克伦巴赫 α 系数为信度指标）来考察量表的内部一致性信度，求得总量表的 α 系数为 0.970，分半系数为 0.896；七个共同因素的 α 系数在 0.873 ～ 0.933，分半系数在 0.722 ～ 0.911。用重测信度考察该量表跨时间的稳定性和一致性，总量表的重测信度系数（ICC）为 0.63；7 个因子的重测信度系数（ICC）在 0.44 ～ 0.65，一致性程度达到中等程度。

表 4-3　大学生活力问卷信度系数表（*N*=1503）

类别	总问卷	坚毅性（F1）	创新性（F2）	进取性（F4）	外向性（F3）	旺盛生命力（F5）	良好认知力（F6）	身心健康（F7）
项目数	39	10	7	5	5	5	4	3
α 系数	0.971	0.927	0.908	0.887	0.891	0.933	0.879	0.873
分半系数	0.896	0.898	0.872	0.820	0.807	0.911	0.847	0.722

2．效度

（1）结构效度

利用结构方程模型对实测数据进行验证性因素分析（图 4-1），运用极大似然估计法进行模型参数估计及模型适配度检验。结果发现：①量表测量模型的回归系数的标准化估计值在 0.56 ～ 0.90，每个参数估计均有统计学意义，且估计参数的标准误很小（0.02 ～ 0.05），没有出现负的误差方差。②模型数据拟合度较好（CMIN/DF=4.29，CFI=0.96，GFI=0.91，AGFI=0.89，PGFI=0.74，NFI=0.94，IFI=0.96，TLI=0.95，RMSEA=0.05）。③量表的整体组合信度为 0.98，7 个潜在变量的组合信度在 0.88 ～ 0.93；量表的整体平均方差抽取量为 0.62，7 个潜在变量的平均方差抽取量有 6 个在 0.55 ～ 0.73。

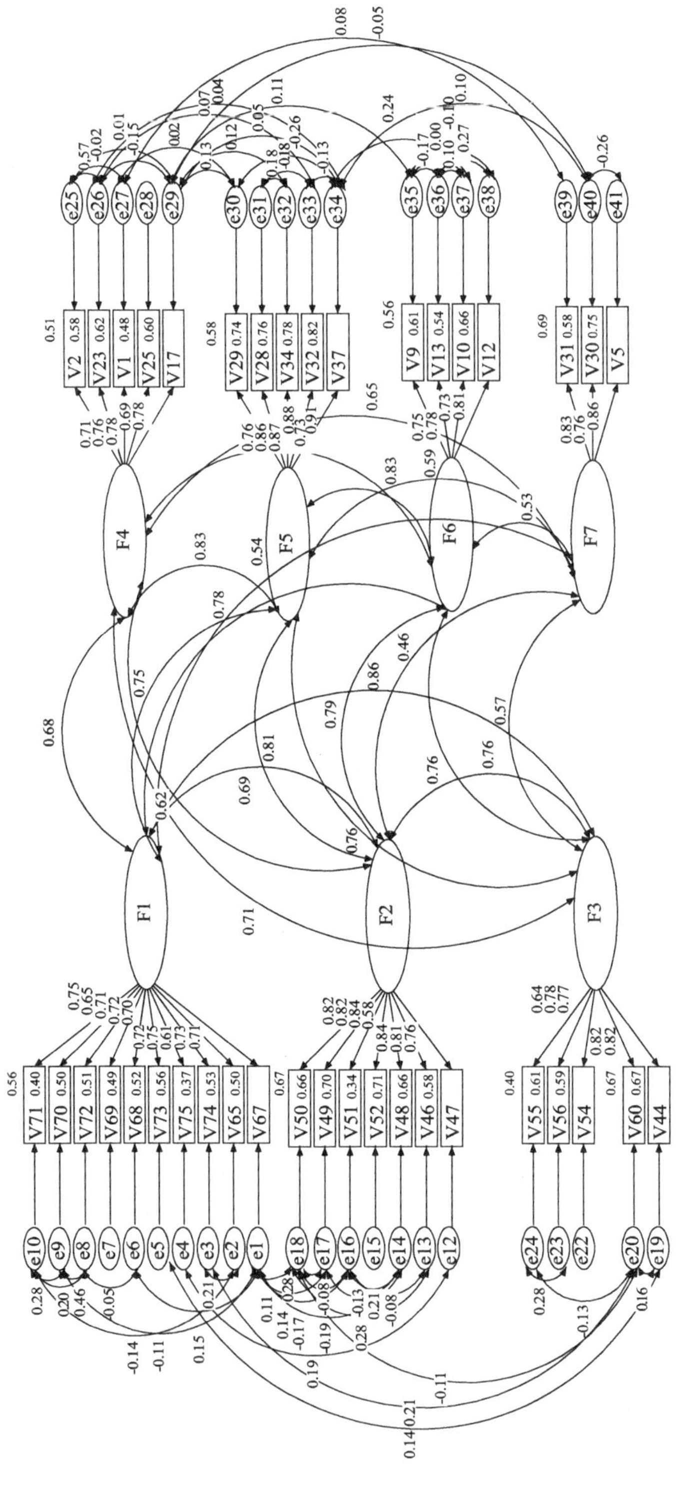

图 4-1 大学生活力问卷标准化估计值模型图

（2）内容效度

各因子得分与总分之间的相关在 0.64 ～ 0.90（均 $P<0.001$），各条目得分与所属因子得分之间的相关在 0.67 ～ 0.92（均 $P<0.001$），各条目得分与总分之间的相关在 0.52 ～ 0.79（均 $P<0.001$）；7 个因子得分之间的相关在 0.41 ～ 0.78（均 $P<0.001$）。说明大学生活力问卷具有良好的内容效度。

（3）校标效度

大学生活力量表总分与主观活力量表（SVS）总分的普通相关系数为 0.78（$P<0.001$），组内相关系数（ICC）为 0.41，一致性程度中等；7 个因子得分与 SVS 总分的相关系数在 0.52 ～ 0.73（均 $P<0.001$），组内相关系数（ICC）为 0.45 ～ 0.71，一致性程度达到中等及以上程度。为了进一步检验大学生活力量表的有效性，把主观活力量表测试总分按高低排序，总分的前 27% 为高分组（总分≥ 28，N=170），后 27% 为低分组（总分≤ 22，N=168），对高分组和低分组被试在大学生活力量表每题上的得分进行差异检验，结果表明，大学生活力量表各共同因素及总分在高、低组间均差异显著。

（三）讨论

1. 大学生活力量表的结构

关于活力量表的维度与结构，学术界一直未有清晰的划分与界定，且未达成共识。当前大多数研究是从个体在健康和工作背景下的身体力量、精神状态、情绪状态、主观认知等几个方面来综合衡量活力。根据对活力的定性研究、词源学意义考察和中西方文化背景下活力思想的审视，在对活力研究工具深入分析的基础上，我们认为大学生活力可以从坚毅性、创新性、进取性、外向性、旺盛生命力、良好认知力和健康七个因素去考察，这不仅与大学生活力观的调查结果和高活力者最显著特征的系统聚类分析结果基本吻合，活力应该涵盖生存力、适应力、发展力和外向性人格特质四个主要方面，而且它对前人提出的重要活力维度、指标均覆盖。比如在坚毅性（适应力）因素上，Rozanski 等人认为，主观活力对于应对生活挑战至关重要，有助于更好地调节负面情绪，对压力源产生更健康的反应，改善免疫功能（Rozanski et al，2005）。在创新性和进取性因素上，Vinarski-Peretz 等发现高创新行为的个体，有较高的自我效能感，会主动增加工作投入，提高工作绩效，表现出更高的活力。在外向性因素上，Ryan 和 Frederick 发现大五人格特质中的三个特质与主观活力显著正相关，其中包括外向性特质（Ryan & Frederick，1997）。在生命力因素上，Fini 等认为生活技能和生活满意度分别是主观活力的最佳预测指标（Fini et al，2010）。在认知力因素上，Killing等发现正念强调开放和接纳，不加评判地体验当下的想法和感受，能有效提升人们对当下经验体验的清晰性和鲜活性，因而会更加有活力和幸福（Killing & Gilbert，2010）；在心理咨询中，采用正念的治疗也非常有效地增强了人们的日常能量水平（Canby et al，2015）。在健康因素上，Thayer 等认为活力的时间是人类健康状况的函数（Thayer et al，1988）；Penninx 等认为有活力的人能够把心理能量更加建设性运用，采取更合适的方式应对身心问题，因而可能有更高的身心健康水平（Penninx et al，2000）。总之，七个共同因素是大学生活力的有效预测指标，这也已经得到探索性和验证性因素分析的验证，较好地反映了当代大学生的活力特征。此外，验证的活力结构与理论构想基本一致，其中身心健康和旺盛的生命力对应生存力，坚毅性对应适应力，创新性和进取性对应发展力。唯一的区别是体现发展力的自我实现未能纳入活力结构，目前暂未发现有关自我实现与活力关系的探究。不过已有研究表明，活力可以提高工作投入，提高工作绩效，进而提高自我效能。至于二者关系如何需进一步研究。

2. 大学生活力量表的测量学指标

在量表的编制过程中，首先根据文献梳理和心理学专家的建议设定大学生活力量表的理论构念，然后又结合自由语词联想法和问卷调查法所搜集资料的定性研究结果，确定了大学生活力的理论结构维度和量表的预测问卷。在条目来源上，不仅参考了国外编制的同类测量工具，而且也通过自由词汇联想和开放式调查收集了大量的经验型资料。这种定性和定量相结合的方式，保障了本量表有较好的内容效度。

其次，通过探索性因素分析和验证性因素分析，确定了大学生活力量表的结构，形成了最终的活力量表。总体而言，探索性和验证性因素分析的结果显示，大学生活力量表具有良好的结构效度。不过，由于探索性因素分析和验证性因素分析的样本是分两批取样，学校选取也有较大的不同，这在某种程度上可能影响模型的验证性因素分析。在模型数据拟合度检验中，只有 AGFI（0.89）稍低于判别标准（>0.90），其余均符合判别标准（PGFI>0.5；CFI、GFI、NFI、IFI、TLI>0.9；RMSEA<0.08）。尝试根据模型估计的结果和修正指数，对模型进行修正，把信度系数小于 0.5 的题项 V52、V55、V67、V70 剔除，结果发现，模型拟合度指标和因素的平均方差抽取量均有所提升，但 AGFI 指标仍稍低于判别标准，CMIN/DF 的值变化不大。再结合实际调查的结果、条目本身的实际意义，以及各条目在各自潜变量上的负荷值均达到显著性，因而建议以项目的实际意义为由对

其进行保留。此外，以主观活力测量作为效度校标，不仅活力量表总分及七个共同因素均与主观活力总分显著相关，而且它们在以主观活力总分为依据的高低组之间的差异检验中，同样差异显著，表明活力量表具有较好的校标效度。

最后，采用内部一致性信度和重测信度考察量表的可信度，结果显示量表较好的内部一致性信度和良好的重测信度。不过有坚毅性（r=0.49）和良好认知力（r=0.45）两个因子的重测信度系数稍低于 0.5，这可能与坚毅性和认知力更易受情境性影响有关，且二者本就具有更紧密的关联。坚毅性不仅与个体对目标的认识和兴趣有关，而且与个体的积极情绪、自控力和尽责性等密切相关（魏怡，胡军生，2017）。

综上所述，本研究编制的活力量表具有较好的信效度，不仅可以初步作为评估大学生活力客观现状的有效工具，为有效开展大学生创新创业和提升大学生发展成效提供参考依据，而且可以间接作为评估大学生心理健康水平、幸福感水平的重要辅助工具。不过，由于研究过程采取目的性和方便性取样，样本代表可能有所偏差，如独立学院本科生较少和缺少专科生样本，在未来的研究中要扩大取样的层面，进一步加强和深化活力理论建构；量表个别因子的重测信度偏低，需要采取更多样的方法检验其信度等。

（四）结论

第一，中国大学生活力问卷的信度与效度达到了心理测量学要求。

第二，中国大学生活力理论模型得到数据支持。

第五章　中国大学生活力现状调查

在文献综述部分可以看到，个体锻炼的类型与方法、所处的自然环境和社会环境、休息的模式与质量、时间认知与正念等因素都可以影响到个体的活力水平。大学生群体因其所处的成长阶段、所面对的学习任务与发展要求、所形成的生活模式及所处的环境等均与其他群体有着明显的不同，由此他们所表现出来的活力水平与特点也可能会有明显的差异。本研究探讨中国大学生活力的基本状况，考察大学生的活力在性别、专业、年级、学校层次等方面的差异。

一、方法

（一）被试

本研究样本同于研究问卷的信效度检验 4.2。

（二）工具

采用自编的《大学生活力量表》，共 39 个条目，分为 7 个因子，可解释的总变异为 69.71%；验证性分析显示：各因子模型拟合良好（CMIN/DF=4.29，CFI=0.96，GFI=0.91，AGFI=0.89，PGFI=0.74，NFI=0.94，IFI=0.96，TLI=0.95，RMSEA=0.05）；量表总分及 7 个因子得分均与 SVS 总分的相关系数（ICC）为 0.41 ～ 0.71。量表总分及 7 个因子得分的内部一致性信度为 0.87 ～ 0.97，重测信度为 0.45 ～ 0.65。该量表 5 点计分，得分越高表示相关特质的水平越高。

人口统计学变量测量问卷。包括让被试填写性别、年级、专业类型、生源地、学校层次、社团活动、参加创新活动情况等。

二、结果

（一）中国大学生活力水平总体状况

大学生活力及其七个因子的平均分和标准差见表 5-1。各维度均值在 3.51 ～ 4.31，由于该问卷采取 5 点计分，因此活力总体水平及各维度水平处于中等偏上的程度；在所有子因子中，身心健康因子的水平最高，创新性因子的水平最低。配对样本 *t* 检验显示：进取性、外向性和身心健康等因子的平均得分显著高于大学生活力的平均得分，差异的效果量在 0.07 ～ 0.77；创新性和良好的认知力等因子的平均得分显著低于大学生活力的平均得分，差异的效果量在 0.05 ～ 0.63。

表 5-1　大学生活力及各维度的平均分与标准差

大学生活力（$M \pm SD$）	B：七因素（$M \pm SD$）	t	p	d	事后比较
A：大学生活力（3.87±0.571）	坚毅性（3.88±0.606）	−0.769	>0.005	0.009	—
	创新性（3.51±0.729）	34.863***	<0.001	0.634	A>B
	进取性（4.10±0.651）	−24.919***	<0.001	0.397	A<B
	外向性（3.91±0.761）	−3.316**	<0.005	0.070	A<B
	旺盛生命力（3.86±0.740）	1.114	>0.001	0.019	—
	良好认知力（3.84±0.689）	−3.098**	<0.005	0.052	A>B
	身心健康（4.31±0.678）	−32.158***	<0.001	0.771	A<B

注　**$p<0.01$，***$p<0.001$。

（二）中国大学生活力水平人口统计学差异

以性别、年级、专业、学校层次、社团活动情况、创新经历等为自变量，以活力总体水平及坚毅性、创新性、外向性、进取性、旺盛生命力、良好认知力和身心健康等为因变量，进行独立样本 *t* 检验或多因素方差分析。

1. 性别对活力水平的影响

以性别为自变量，以活力总分及其各维度为因变量进行独立样本 *t* 检验，结果如表 5-2 所示：在活力总分水平上，男生活力水平显著高于女生，差异效果量的绝对值大于 0.2；在各维度水平上，男生的水平均显著高于女生，不过只有创新性、旺盛的生命力、良好认知力三个维度的差异效果量的绝对值大于 0.2。具体趋势图见图 5-1。

表 5-2 大学生活力水平性别差异检验

因变量	性别		t	p	d	事后比较
	A：男（$M \pm SD$）	B：女（$M \pm SD$）				
坚毅性	4.01±0.665	3.81±0.562	6.618***	0.000	−0.05	A>B
创新性	3.72±0.756	3.40±0.692	8.147***	0.000	−0.423	A>B
进取性	4.18±0.693	4.06±0.626	3.362***	0.000	−0.173	A>B
外向性	3.95±0.837	3.90±0.720	1.189**	0.001	−0.06	A>B
旺盛生命力	3.98±0.788	3.80±0.708	4.336***	0.000	−0.228	A>B
良好认知力	4.04±0.717	3.74±0.653	7.983***	0.000	−0.418	A>B
身心健康	4.38±0.705	4.27±0.660	2.896**	0.004	−0.142	A>B
活力	4.00±0.631	3.81±0.528	6.197***	0.000	−0.301	A>B

注 **p<0.01，***p<0.001。

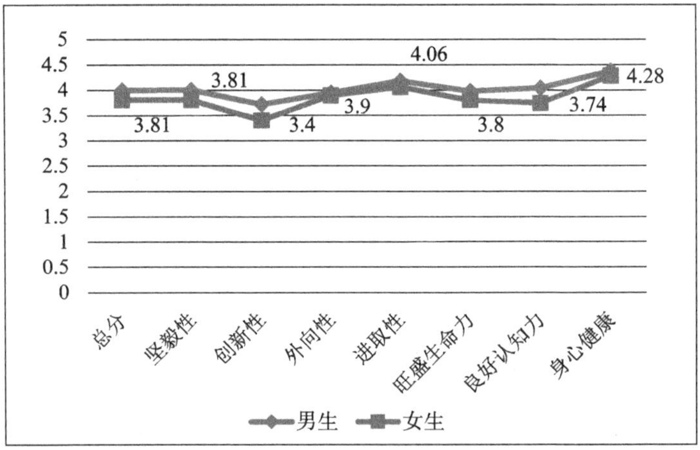

图 5-1 活力及各维度在性别上差异检验

2．年级对活力水平的影响

以年级为自变量，以活力及其各维度为因变量进行单因素方差分析，结果如表 5-3 所示：不同年级大学生在活力及七个维度上的差异显著。LSD 法事后比较结果显示：大一学生在活力整体水平及坚毅性、创新性、外向性、进取性、旺盛生命力、良好的认知力、身心健康等七个因子上均显著高于其他年级，差异的效果量（*d*）在 −0.23 ～ −0.94；大二学生在活力水平及创新性、进取性、外向性、旺盛生命力、身心健康等五个因子上均高于大三、大四学生，差异的效果量在 −0.24 ～ 0.48；大三、大四学生在活力水平及起个维度上的差异不显著。大学活力整体呈现随年级增长而降低的趋势，具体趋势图见图 5-2。

表 5-3　大学生活力年级差异检验

特征	A：大一（*M*±*SD*）	B：大二（*M*±*SD*）	C：大三（*M*±*SD*）	D：大四（*M*±*SD*）	*F*	事后比较（*d*）
坚毅性	4.00±0.56	3.77±0.61	3.71±0.67	3.68±0.74	21.32***	A>B（−0.41）；A>C（−0.52）；A>D（−0.57）
创新性	3.61±0.68	3.46±0.74	3.28±0.77	3.17±0.89	14.35***	A>B（−0.23）、A>C（−0.49）、A>D（−0.64）；B>C（−0.24）、B>D（−0.38）
进取性	4.28±0.55	3.95±0.67	3.86±0.72	3.76±0.84	43.69***	A>B（−0.61）、A>C（−0.77）、A>D（−0.95）B>D（−0.28）
外向性	4.03±0.71	3.86±0.75	3.59±0.87	3.50±0.90	20.19***	A>B（−0.24）、A>C（−0.62）、A>D（−0.75）；B>C（−0.36）、B>D（−0.48）
旺盛生命力	3.99±0.67	3.80±0.75	3.51±0.86	3.54±0.86	22.36***	A>B（−0.28）、A>C（−0.72）、A>D（−0.66）；B>C（−0.39）、B>D（−0.34）
良好认知力	3.96±0.64	3.75±0.71	3.63±0.73	3.67±0.76	16.55***	A>B（−0.33）；A>C（−0.52）；A>D（−0.47）
身心健康	4.43±0.621	4.26±0.672	3.98±0.799	4.01±0.790	22.96***	A>B（−0.27）、A>C（−0.72）、A>D（−0.68）；B>C（−0.42）、B>D（−0.38）
活力	4.00±0.51	3.79±0.58	3.62±0.62	3.58±0.73	30.21***	A>B（−0.41）、A>C（−0.74）、A>D（−0.81）；B>C（−0.28）、B>D（−0.35）

注　***p<0.001。

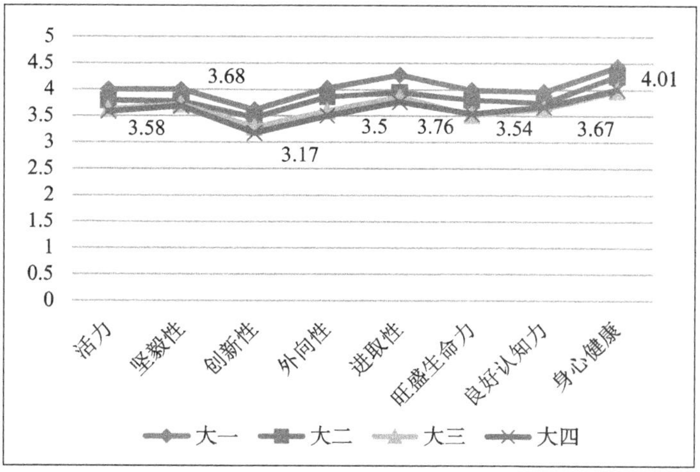

图 5-2　活力及各维度在年级上差异检验

3. 专业对活力水平的影响

以专业为自变量，以活力及其各维度为因变量进行单因素方差分析，结果如表 5-4 所示：不同专业在活力及七个维度上的差异显著。LSD 法事后比较结果显示：在活力总体水平上，音体美类专业学生显著高于文史类、理工类、医学类学生，差异效果量在 0.41 ~ 0.70；而文史类、理工类、医学类专业之间差异不显著。在坚毅性、外向性、进取性、旺盛生命力、良好认知力、身心健康等六个子维度上，音体美类专业学生显著高于文史类、理工类、医学类学生，差异效果量在 0.26 ~ 0.64；而文史类、理工类、医学类专业之间差异不显著。在创新维度上，音体美类专业学生显著高于文史类、理工类、医学类学生，差异效果量在 0.46 ~ 0.80；文史类、理工类学生显著高于医学类，差异效果量在 0.29 ~ 0.32；文史类与理工类学生之间差异不显著。具体趋势图见图 5-3，整体来看，艺术类学生表现出较高的活力水平。

表 5-4 大学生活力专业差异检验

特征	A：文史类（$M\pm SD$）	B：理工类（$M\pm SD$）	C：医学类（$M\pm SD$）	D：音体美类（$M\pm SD$）	F	事后比较（d）
坚毅性	3.73±0.65	3.72±0.60	3.66±0.47	3.96±0.59	19.71***	D>A（0.35）、D>B（0.40）、D>C（0.64）
创新性	3.29±0.73	3.30±0.75	3.08±0.70	3.64±0.69	36.46***	D>A（0.48）、D>B（0.46）、D>C（0.80）；A>C（0.29）、B>C（0.32）
进取性	3.98±0.72	3.91±0.64	3.92±0.68	4.17±0.61	13.69***	D>A（0.26）、D>B（0.41）、D>C（0.37）
外向性	3.77±0.83	3.73±0.72	3.79±0.72	3.99±0.73	10.37***	D>A（0.26）、D>B（0.36）、D>C（0.28）
旺盛生命力	3.71±0.78	3.66±0.66	3.63±0.78	3.95±0.72	14.87***	D>A（0.31）、D>B（0.44）、D>C（0.41）
良好认知力	3.71±0.69	3.57±0.67	3.57±0.66	3.94±0.67	21.07***	D>A（0.33）、D>B（0.55）、D>C（0.56）
身心健康	4.14±0.71	4.05±0.71	4.14±0.64	4.41±0.65	22.09***	D>A（0.38）、D>B（0.50）、D>C（0.42）
活力	3.72±0.61	3.67±0.57	3.63±0.48	3.97±0.55	28.13***	D>A（0.41）、D>B（0.53）、D>C（0.70）

注 ***$p<0.001$。

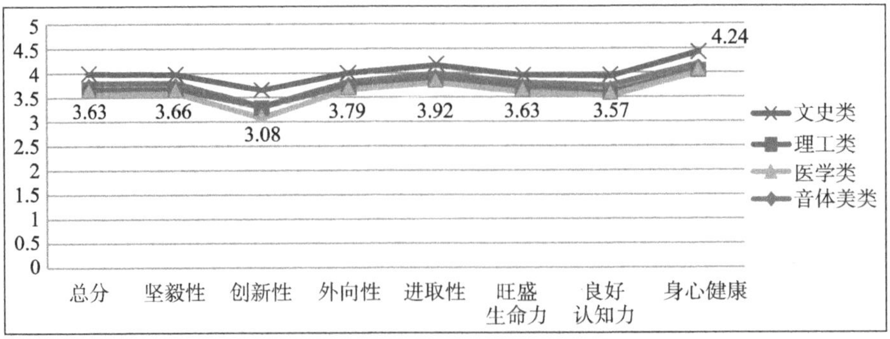

图 5-3 活力及各维度专业差异检验

4. 生源地对活力水平的影响

以生源地为自变量，以活力及其各维度为因变量进行单因素方差分析，结果如表 5-5 所示：不同生源地大学生在活力及七个维度上的差异显著。LSD 法事后比较结果显示：在活力总体水平上，来自大城市、中小城市的学生显著高于来自乡镇、农村的学生，差异的效果量在 -0.21 ～ 0.30。在创新性、旺盛的生命力、良好的认知力三个子维度上，来自大城市、中小城市的学生显著高于来自乡镇、农村的学生，差异的效果量在 -0.21 ～ 0.36；在坚毅性、进取性、身心健康三个子维度上，来自中小城市的学生显著高于来自乡镇、农村的学生，差异的效果量在 -0.14 ～ 0.24；在外向性子维度上，来自大城市、中小城市、乡镇的学生显著高于来自农村的学生，差异效果量在 -0.17 ～ -0.32。具体趋势图见图 5-4，整体来看，学生成长的环境对其活力有着重要的影响。

表 5-5　大学生活力生源地差异检验

特征	A：大城市（$M\pm SD$）	B：中小城市（$M\pm SD$）	C：乡镇（$M\pm SD$）	D：农村（$M\pm SD$）	F	事后比较（d）
坚毅性	3.92±0.898	3.94±0.581	3.80±0.564	3.85±0.589	4.29***	B>C（-0.24），B>D（-0.15）
创新性	3.69±0.903	3.63±0.688	3.40±0.736	3.43±0.713	11.36***	A>C(-0.32)、A>D(-0.28)，B>C(-0.33)、B>D（-0.29）
进取性	4.18±0.896	4.17±0.611	4.03±0.638	4.05±0.642	5.04***	B>C（-0.23），B>D（-0.20）
外向性	4.02±0.984	4.02±0.719	3.92±0.734	3.79±0.759	9.11***	A>D(-0.24)，B>D(-0.32)，C>D(-0.17)
旺盛生命力	3.97±0.905	3.98±0.740	3.78±0.692	3.78±0.722	8.58***	A>C(-0.21)、A>D(-0.21)，B>C(-0.26)、B>D（-0.27）
良好认知力	4.05±0.818	3.94±0.660	3.76±0.693	3.76±0.674	11.16***	A>C(-0.36)、A>D(-0.35)，B>C(-0.29)、B>D（-0.28）
身心健康	4.35±0.899	4.37±0.620	4.25±0.690	4.29±0.681	2.66**	B>C（-0.20），B>D（-0.14）
活力	3.98±0.815	3.96±0.540	3.80±0.537	3.81±0.559	9.72***	A>C(-0.22)、A>D(-0.21)，B>C(-0.30)、B>D（-0.29）

注　**$p<0.01$，***$p<0.001$。

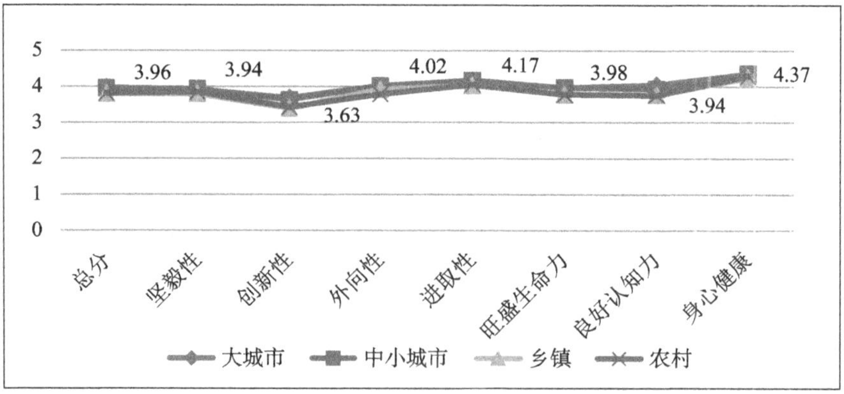

图 5-4　活力及各维度生源地差异检验

5．社团工作经历对活力水平的影响

以社团工作经历为自变量，以活力总分及其各维度为因变量进行独立样本 t 检验，结果如表 5-6 所示：在活力总分、外向性和旺盛生命力上，有社团工作经历的学生显著高于无社团工作经历的大学生，差异的效果量在 0.13 ～ 0.20；其余差异不显著。具体趋势图见图 5-5。

表 5-6　大学生活力水平社团工作经历差异检验

因变量	学校类型		t	p	d	事后比较（d）
	A：有社团工作经历（M±SD）	B：无社团工作经历（M±SD）				
坚毅性	3.89±0.611	3.84±0.594	1.499	0.134	—	—
创新性	3.53±0.733	3.46±0.719	1.829	0.068	—	—
进取性	4.11±0.652	4.07±0.650	1.257	0.209	—	—
外向性	3.96±0.751	3.80±0.774	3.581***	0.000	−0.20	A>B
旺盛生命力	3.89±0.747	3.79±0.720	2.552**	0.011	−0.14	A>B
良好认知力	3.85±0.691	3.81±0.684	1.122	0.262	—	—
身心健康	4.32±0.654	4.29±0.731	0.908	0.364	—	—
活力	3.89±0.574	3.82±0.562	2.271**	0.023	−0.13	A>B

注　$^{**}p<0.01$，$^{***}p<0.001$。

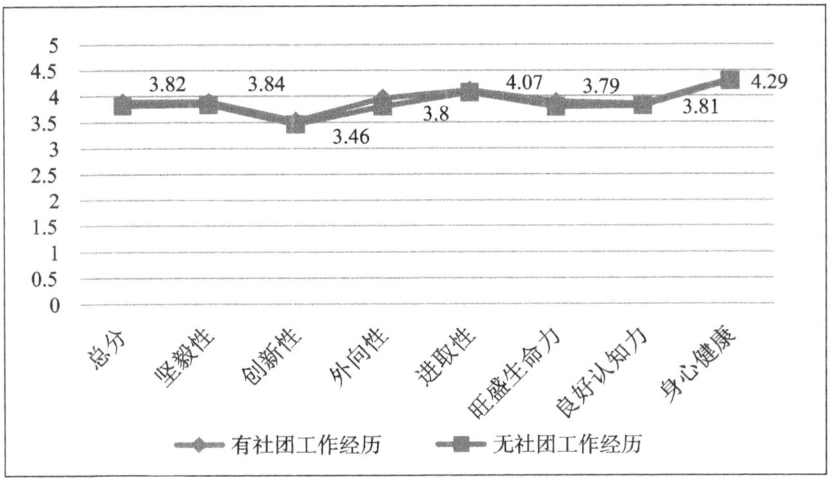

图 5-5 活力及各维度社团工作经历差异检验

6. 创新创业经历对活力水平的影响

以创新创业经历为自变量，以活力总分及其各维度为因变量进行独立样本 t 检验，结果如表 5-7 所示：只在创新性、身心健康子维度上，有创新创业经历的学生显著高于无创新创业经历的大学生，差异的效果量分别是 −0.20、−0.14；其余差异不显著。具体趋势图见图 5-6。

表 5-7 大学生活力水平创新创业经历差异检验

特征	参与创新项目（$M \pm SD$）	未参与创新项目（$M \pm SD$）	t	p	d
坚毅性	3.89±0.72	3.87±0.57	0.31	0.76	—
创新性	3.62±0.80	3.48±0.71	2.86	0.004***	0.20
进取性	4.09±0.74	4.10±0.63	−0.13	0.90	—
外向性	3.92±0.82	3.91±0.74	0.30	0.77	—
旺盛生命力	3.90±0.82	3.85±0.72	1.09	0.28	—
良好认知力	3.90±0.77	3.83±0.67	1.56	0.12	—
身心健康	4.24±0.74	4.33±0.66	−2.19	0.029**	−0.14
活力	3.90±0.68	3.86±0.54	0.88	0.38	—

注 $^{*}p<0.05$，$^{**}p<0.01$，$^{***}p<0.001$。

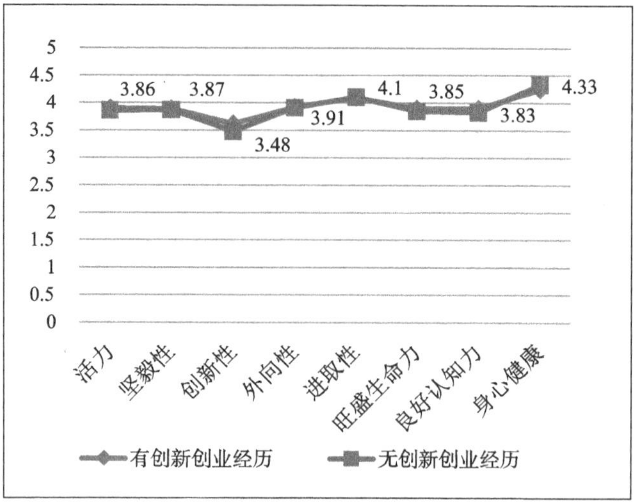

图 5-6　活力及各维度在创新经历上差异检验

7. 人口统计学变量交互作用对活力水平的影响

为进一步考察变量间的关系，以活力及其七个子维度为因变量，以性别、年级、专业为自变量进行多因素方差分析，考察不同人口学变量之间的交互作用，结果如表 5-8 所示：结果显示性别、专业的交互作用在活力及其七个子维度上显著；性别、年级、专业交互作用在活力及其七个子维度上显著；其余交互作用不显著。对显著的交互效应进行简单效应分析，发现所有年级、专业的男生在活力整体水平、坚毅性、创新性、进取性、旺盛生命力、良好认知力上的得分高于女生，在外向性和身心健康维度上差异不显著。

表 5-8　大学生活力水平在性别、年级、专业交互作用下的差异检验

自变量	坚毅性	创新性	外向性	进取性	旺盛生命力	良好认知力	身心健康	活力
性别*年级	0.95	1.25	1.54	1.45	1.88	1.53	1.87	1.82
性别*专业	4.71**	3.20*	5.85**	7.29**	6.90**	3.84**	3.62**	6.61**
年级*专业	0.77	1.13	0.58	1.61	0.67	0.38	1.10	0.51
性别*年级*专业	3.20**	2.09*	3.83**	5.05**	2.43*	2.17*	3.15**	3.82**

注　*$p<0.05$，**$p<0.01$。

三、讨论

（一）中国大学生活力水平总体情况

大学生活力总水平及各维度平均分超过具有该特质的临界标准（3 分“有些符

合”），说明大学生活力总体水平及各维度水平处于中等偏上的程度。配对样本 t 检验显示：进取性、外向性和身心健康因子的平均得分显著高于大学生活力的平均得分，其中身心健康维度的得分最高，差异的效果量达到 0.5 以上；创新性和良好的认知力因子的平均得分显著低于大学生活力的平均得分，其中创新性的得分最低，差异的效果量达到 0.5 以上。这一方面反映出当下大学生具有积极的心理品质和良好健康的身心素质；另一方面也证实大学生创新性不足，它已经成为制约大学生活力水平的重要因素，也间接说明当下推行大学生创新创业的必要性。

（二）中国大学生活力水平的影响因素

从性别对活力的影响看，整体的活力水平上，男生活力水平显著高于女生，差异效果量达到 0.2 以上。从具体的活力各维度看，男生的水平均显著高于女生，其中创新性、旺盛的生命力、良好认知力三个维度的差异效果量达到 0.2 以上。这可能与中国社会文化中队性别角色的要求有关。

从年级对活力的影响看，不同年级在活力及七个维度上的差异显著，且整体呈现出低年级（大一、大二）学生的活力显著高于年级学生（大三、大四），即大学活力整体呈现随年级增长而降低的趋势。这是一个值得深思的问题。

四、结论

第一，大学生活力及各维度的平均分均超过具有该特质的临界标准，处于中等偏上的程度，有活力这一特质在大学生上普遍存在。

第二，大学生活力的所有维度中，进取性、外向性和身心健康因子的平均得分显著高于大学生活力的总平均得分；创新性和良好的认知力因子的平均得分显著低于大学生活力的总平均得分；其中身心健康的平均分最高，创新性的平均分最低。

第三，性别、年级、专业、生源地、社团经历和创新创业经历对大学生的活力水平产生影响。

第六章 中国大学生活力与主观幸福感的关系

活力是一种以个体旺盛生命力的产生、维持、释放为能量基础，以身心健康、坚毅性、良好认知力为保护性特质，以外向性、进取性、创新性为激发性特质的一组积极人格特质的有机结合体（宋传颖，秦启文等，2020）。随着积极心理学的兴起，活力日益成为人格心理学研究的重要内容。国外，学者Peterson和Seligman（2004）归纳出24种积极的人格特质，其中“有活力”就是使生活充满激情和能量，感觉活跃。Brdar等（2010）将大学生优势性格划分为关系优势、刚毅和勇气、活力、谨慎4个维度，其中“活力”表现为充满强烈的兴趣、满怀希望、具有好奇心和幽默感等方面。Toner等将高中生性格优势分为节制、活力、好奇、关系优势、超越5个维度，其中“活力”特质主要表现为有勇气、够胆量、富有幽默和热情等方面。在国外使用最为广泛的“大五人格模型”中也有关于活力重要特征的描述，比如外向性与活力关系密切（王登峰，崔红，2003；刘继亮，孔克勤，2001）。国内，王振勇等（2002）提出高中生理想人格结构包括有理性、宜人性、虚伪性（负价）、内外倾和有活力五个因素，其中“有活力”的代表性特质词为“多才多艺、思想开放、德才兼备、有创造性、精力充沛和兴趣广泛”。黄希庭教授及其研究团队（2006）基于20多年的系列研究成果和实践经验提出了健全人格理论，其核心观点认为健全人格（完美人格）是各种积极人格特征的有机整合（黄希庭，郑涌，李宏翰，2006），主要包含价值观、自我观和追求梦想的品格三个层次，并且层层递进、相互制约（王馥芸，2018）。活力作为积极的人格特质之一，是健全人格中最外层的积极心理品格的重要组成部分，构成了健全人格形成的能量和动力基础，它不仅能影响处于中间层的自我价值感，而且通过自我价值感进一步作用于处于最内层的主观幸福感。

一、文献综述

（一）活力与主观幸福感的关系

主观幸福感（subjective well-being）是人们根据自己设定的标准，对当前生活质量符合自己理想生活状态的沉思评鉴，取决于个体从认知（生活满意度）和情感体验（积极的或消极的）两个方面的主观判断（陆洛，1997）。在众多预测主观幸福感的因素中，人格是最稳定、最有力的预测指标之一（Diener et al，1999），在衡量主观幸福感中扮演着指示器的作用。已有研究发现大五人格中的“开放性、责任心、外倾性、宜人性和神经质型”五个因素均与主观幸福感存在显著相关（McCrae & Costa，1991）。在一项元分析中发现外倾性和神经质对主观幸福感的预测非常稳定（DeNeve & Cooper，1998）。

活力作为一种重要的动力性积极人格因素，已有研究证实其对人的主观幸福感有直接或间接的影响作用。首先，活力与个体的生活满意度密切相关，而生活满意度是构成主观幸福感的重要内容。如 Ryan 和 Frederick（1997）研究指出活力可以正向预测积极情绪，与生活满意度、自尊、生命意义感正相关，与抑郁、消极情感和焦虑等负相关。Peterson 和 Seligman（2004）对心理学、哲学、精神病学等多个学科中涉及性格优势和美德的文献进行综合分析发现：爱与被爱、感恩与感激、生机与活力、兴趣与好奇等性格优势与生活满意度之间密切相关。其次，活力与个体的幸福感直接密切相关，如 Shimai 等（2006）对美国和日本青少年的研究表明：希望、活力、感恩和好奇心等性格优势与人们的幸福感呈显著正相关。Brdar 和 Kashdan（2010）在用主观活力、生活满意度、基本需要满足（自主感、胜任感、归属感）、内在动机（追求快乐、投入和有意义的生活）等四大指标衡量个体的幸福感时，发现特质活力与幸福感具有最大的相关性。Barbic 等（2015）认为情绪活力是高掌控感和幸福感、低抑郁和焦虑症状的反映，是一种复杂的心理健康结构。杜常贺等（2011）认为活力是一种与个人幸福感、绩效密切相关的心境状态，常表现为个体精力充沛的积极态度与情感体验。但是活力并不是总是产生正向的作用，主要有两种情况：一是活力作为一种高能量状态，在超过一定限度时如果不能有效控制，就有可能带来破坏作用；二是根据心理动力学的理论，每个人的能量总是有限，任何活力的展现都会消耗能量，而过度的活力释放，造成能量耗竭，在某种情况下也有可能产生不良影响

（Baumeister et al，2000）。因此，活力的影响机制如何是一个有待继续深入研究的问题。

那么放置于集体主义文化取向背景下的中国大学生群体中，大学生活力与其主观幸福感的关系如何？目前尚未有研究加以验证。在日常生活中，有活力的大学生更积极主动，更有可能获得成绩，因而更易感受到快乐。因此，**假设 1：大学生活力能正向预测其主观幸福感**。

（二）自我价值的中介作用

对幸福的追求是人类从事一切活动的最终归宿，并在对幸福是什么的探索中形成了“快乐论”和“现实论”两个主要的理论流派。“快乐论”认为幸福就是寻求快乐而尽力避免痛苦的过程与结果，主要由主观的心理感觉构成；“现实论”认为幸福的根据不是人们获得的快乐，而是在实现自我价值中获得的，与自我价值感密切相关（Deci，Ryan，2001），这是由于随着社会物质生活资料的丰裕，人们物质需求的基本满足，对生活质量提高和自我价值实现的追求成为社会发展中最为关注的问题。马丁·赛里格曼（2004）也提出幸福的目标是增进生命的充盈与蓬勃，并阐释了“让生命充满活力”的幸福的 5 个元素：积极情绪、沉浸体验、人际关系、人生意义和目的、成就感（自我实现）。自我价值感是人们在社会生活中对主体自我的重要性所产生的正面情感体验，包括总体自我价值感、一般自我价值感、特殊自我价值感三个层次以及社会与个人两种取向（黄希庭，杨雄，1998）。持久的自我价值感是一种较稳定的人格倾向（黄希庭，2006），不少研究表明，青少年的自我价值感与主观幸福感呈中高度的正相关，是主观幸福感的重要预测因素之一（Furnham & Cheng，2000；Huebner et al，1999；汪宏，窦刚，黄希庭，2006；詹茂光，2007；葛爱荣，2007；梁深，2010；李丽霞，2018），是解读主观幸福感时一个不可或缺的因素（Hermans，Hubert，1992），这与自我价值感和主观幸福感都涉及个体的自我认知和情感体验评价有关。

同时，**自我价值感与活力也有密切的关系**。活力是人的内在正能量的体现，是旺盛生命力的象征，常表现为高能量水平和高正向情感状态，是个体成长与发展的重要推动力；而个体的成长与发展是构成个体自我价值感的重要来源。同时，自我价值感高的人，自我接纳度高，表现出高自尊与自信，才更有活力、更积极主动地促进个体的成长与发展，进而自我实现（刘丽，2016）。宋传颖等（2020）采用质性研究对大学生活力理论模型的构建也发现：自我实现、创新性和进取性等是大学生活力的重要构成要素；而个体自我实现、创新与个体自我价值感均密切相关，特别是个体自我实现的满足程度是维持个体自我价值感的重要因素。因此，鉴于自我价值感可能充当活力与主观幸福感之间的桥梁，故提出研究**假设 2：大学生的自我价值感在活力与主观幸福感之间起中介作用。**

（三）性别的调节作用

社会文化背景下，人们对男性和女性的社会性别角色期待不同，在男性与女性群体中形成迥异的群体亚文化，并塑造了男、女群体不同的行为处事方式和情绪特征差异，如男性被社会期待表现出更多地独立、自主、勇敢、有担当；女性被社会期望表现出更多温顺、谦恭、文静。由此，男性和女性在自我认识与评价、自我驱动与意志行为、自我价值与情感体验，以及理想自我与未来成就取向上常常表现出性别差异，呈现出不同的生命活力状态与人生发展的轨迹。性别成为影响个体心理状态的重要机体变量，如 Kling 等（1999）对美国近万名青年人的调查结果发现，男性的自我价值感高于女性，这与早期 Feingold（1994）的研究结果一致。曾经一项对中国青少年学生的调查也发现，男生的个人取向自我价值感显著高于女生，而女生社会取向自我价值感则显著高于男生（杨雄，黄希庭，1999）。另外，前人研究也发现性别是影响主观幸福感的一个重要因素，整体上女性比男性更倾向于报告更高的主观幸福感（Alesina，Ignazio Angeloni，Ludger Schuknecht，2005）。如 Mookherjee（1997）对比分析了美国 10 年来的生活满意状况数据，发现每个亚群体中女性的生活满意度均显著高于男性。Lu（2000）调查发现，整体上中国女性比男性体会到更高的主观幸福感。不过，也有学者认为女性较之男性，其幸福感水平稍低（Haring et al，1984），因为女性由于其生理等的不同，在遇到欠妥或令其惊慌失措的事件时，往往难以与过度的消极影响相抗衡（Fnjital，1991）。由此，提出**假设 3：性别调节自我价值感和主观幸福感之间的关系；假设 4：性别调节活力与自我价值感之间的关系。**

（四）小结

综上所述，我们初步构建一个有中介的调节模型（图 6-1），本研究基于健全人格理论，旨在探讨大学生的活力与主观幸福感的关系、两者之间关系如何发生及何时更强或更弱。在中国社会文化背景下，研究大学生活力预测其主观幸福感的心理机制，既能为健全人格理论提供可靠的现实证据，也对大学生的教育实践活动有一定启发意义。

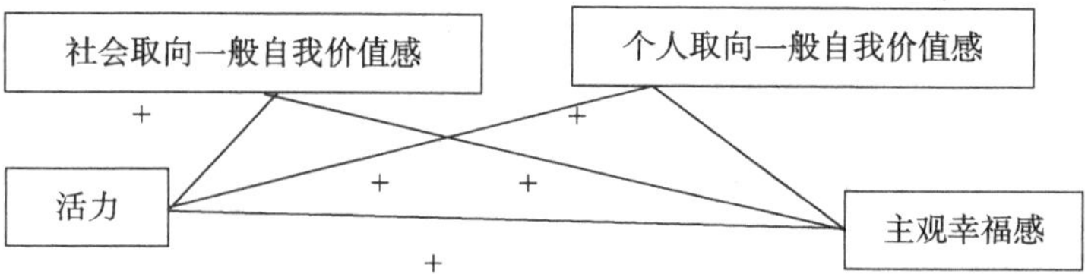

图 6-1　理论假设结构模型图 M1

二、方法

（一）被试

采用方便取样的方法，选取湖南、重庆、四川、山东、江苏、内蒙古、广东等地区三类不同层次大学的 1200 名学生为研究对象。其中一本 327 人，二本 504 人，三本 362 人，经过筛查后 1193 名有效被试，有效率为 99.42%。其中男生 279 人，女生 914 人。被试年龄介于 17 ～ 25 周岁，均未婚。

（二）材料

中国大学生活力量表（VSUS）：采用宋传颖和秦启文等编制的《大学生活力量表（VSUS）》测量大学生的活力水平。VSUS 包含坚毅性、创新性、外向性、进取性、旺盛的生命力、良好的认知力和身心健康七个因子，共有 39 个项目，如"对未来充满憧憬与盼望"等。采用 1 ～ 5 计分，得分越高表示此类活力水平越高。该量表信效度较好，总量表的 Cronbach α 系数为 0. 97，重测信度为 0.63，项目的因子载荷介于 0.53 ～ 0.85，组合信度介于 0.88 ～ 0.93，平均方差抽取量为 0.55 ～ 0.73。

中国人幸福感量表：选用陆洛（1997）编订的简版《中国人幸福感量表（Chinese Happiness Inventory）》测量大学生的主观幸福感。CHI 涉及积极情感、消极情感、生活满意度、与中国文化有关的因素等内容，共 20 个项目，如评价"我的生活的如意程度"等。采用 0 ～ 3 计分，得分越高意味着个体越幸福。CHI 的内部一致性信度为 0. 95、重测信度为 0. 66，与两个校标的相关系数为 0. 62、0. 48。本次施测 CHI 的 Cronbach's α 系数为 0. 92。

青少年学生自我价值感量表：采用黄希庭和杨雄（1998）编制的《青少年学生自我价值感量表》（Self-worth Scale for Adolescents），包括总体自我价值感量表、一般自我价值感量表和特殊自我价值感量表三部分。其中总体自我价值感量表，共有 6 个项目，如“我相信天生我材必有用”，采用 1 ～ 5 计分，得分越高说明总体自我价值感的水平越高；总体的内部一致性信度为 0.77，重测信度是 0.64。一般自我价值感由社会取向的自我价值感和个人取向的自我价值感两个分量表组成，共有 10 个项目；其中社会取向的一般自我价值感（SSSA），共有 5 个项目，如“班上搞活动常常离不开我”，采用 1 ～ 5 计分，得分越高说明社会取向自我价值感的水平越高；SSSA 的内部一致性信度为 0. 86，重测信度为 0. 73；与总量表相关系数为 0. 71，因子载荷介于 0. 66 ～ 0. 94，组合信度为 0. 91，平均抽取变异量为 0. 62。个人取向的一般自我价值感，共有 5 个项目，如“我感到自己的长处得到了发挥”，采用 1 ～ 5 计分，得分越高说明个人取向的自我价值感的水平越高；其内部一致性信度为 0.82，重测信度为 0.71。

（三）程序

本研究采取现场团体施测与网络个别施测相结合的办法。现场施测由受过心理学问卷施测培训的研究人员在班级团体采用卷星编制问卷链接，发放至被试的手机端或 PC 端，然后统一完成测试，施测前阅读、讲解统一指导语，并监控作答。网络个别施测采用卷星编制问卷链接，发放至被试的手机端或 PC 端，由其独自进行作答，问卷链接在第一页呈现指导语，并提前将每道题设为必答题（不允许跳过、漏答），设置每道题最少作答时间，并通过质量检测题将重复题项不同作答的问卷直接剔除。录入有效问卷数据之后，使用 SPSS 和 AMOS 软件进行统计分析。

三、结果

（一）区分效度与共同方法偏差检验

区分度检验采用验证性因子分析和 HTMT 法（异质—单质比率）进行区分效度验证。验证性因子分析的方法依据平均方差萃取值（AVE）与因子间相关系数的比值大小进行区分效度验证，根据表 6–1，大学生活力、社会取向一般自我价值感、主观幸福感的 AVE 平方根值大于因子间相关系数绝对值的最大值，表明其具有良好的区分效度；个人取向一般自我价值感的 AVE 平方根值小于因子间相关系数绝对值的最大值，标明其区分效度欠佳。HTMT 法（异质—单质比率），根据

表 6–2，所有因子之间的 HTMT 值均小于 0.85，说明该两因子之间具有区分效度。

表 6–1　区分效度：Pearson 相关与 AVE 平方根值

类型	活力	社会取向一般自我价值感	个人取向一般自我价值感	主观幸福感
活力	**0.718**	—	—	—
社会取向一般自我价值感	0.328	**0.631**	—	—
个人取向一般自我价值感	0.691	0.518	**0.619**	—
主观幸福感	0.627	0.317	0.64	**0.711**

注　斜对角线加粗底画线的数字为 AVE 平方根值。

表 6–2　HTMT（异质—单质比率）结果

类型	活力	社会取向一般自我价值感	个人取向一般自我价值感	主观幸福感
活力	—	—	—	—
社会取向一般自我价值感	0.415	—	—	—
个人取向一般自我价值感	0.821	0.707	—	—
主观幸福感	0.646	0.398	0.765	—

采用“Harman 单因子检验”考察共同方法偏差。在 Harman 单因子检验中，总共抽取 14 个特征值大于 1 的公因子，累计解释总方差的 63.62%，其中第一个公因子的方差解释百分比是 34.32%（<40%），表明不存在严重的共同方法偏差。

（二）描述性统计与相关分析

偏态系数（coefficient of skewness）介于 −1.017 ～ 0.577，峰度系数（kurtosis）介于 – 0. 149 ～ 1.394，说明数据近似正态分布（吴明隆，2013）。表 6–3 列出了其他变量的平均数、标准差和相关矩阵。描述性统计结果显示，大学生活力、总体自我价值感、社会取向一般自我价值感、个人取向一般价自我价值感的水平均较高，而主观幸福感处于中等水平。相关分析表明，活力与预测变量主观幸福感显著正相关；活力及主观幸福感与中介变量自我价值感的社会取向一般自我价值感、个人取向一般自我价值感显著正相关。因此，将社会取向一般自我价值感、个人取向一般自我价值感纳入下一步的中介模型。

表 6-3　各变量的平均数、标准差和相关系数（*n*=1193）

类型	男	女	1	2	3	4	5
1. 活力	3.51±0.849	3.50±0.553	—	0.394**	0.678**	0.614**	0.661**
2. 社会取向一般价值感	3.34±0.765	3.40±0.652	0.229**	—	0.557**	0.355**	0.635**
3. 个人取向一般价值感	3.53±0.745	3.50±0.627	0.731**	0.432**	—	0.593**	0.790**
4. 主观幸福感	1.50±0.647	1.46±0.563	0.666**	0.230**	0.753**	—	0.608**
5. 总体自我价值感	3.53±0.765	3.56±0.674	0.672**	0.568**	0.837**	0.659**	—

注　**$p<0.01$。

（三）有调节的中介效应检验

根据 Hayes（2013）、温忠麟和叶宝娟（2014）的观点，检验有调节的中介模型需要对 3 个回归方程进行估计，参数计算均通过 SPSSAU 完成。方程 1 检验活力对主观幸福感的直接效应是否受性别的调节；方程 2 检验性别对活力与自我价值感之间关系的调节效应；方程 3 检验性别对自我价值感与主观幸福感之间关系的调节效应以及活力对主观幸福感残余效应的调节效应。除性别外，对所有预测变量进行了标准化处理，95% 置信区间采用 Bootstrap 方法得到。各方程中预测变量方差膨胀因子介于 1.37 ～ 2.33，因此数据不存在明显的多重共线性问题。各方程的参数估计结果见表 6-4 ～表 6-8。

首先，根据表 6-4，大学生活力正向显著预测其主观幸福感（假设 1 得到支持）、社会取向一般自我价值感、个人取向一般自我价值感，且活力与性别的交互性对三者均具有显著的预测作用，即性别在活力与主观幸福感、社会取向一般自我价值感和个人取向一般自我价值感之间均起着显著的调节作用。根据表 6-5，大学生社会取向一般自我价值感、个人取向一般自我价值感均显著正向预测主观幸福感，且二者与性别的交互项均对主观幸福感有显著预测作用，即性别在社会取向一般自我价值感、个人取向一般价值感与主观幸福感之间均起着显著的调节作用。

表 6-4　性别在活力对主观幸福感、自我价值感影响的调节效应分析（*n*=1193）

类型	主观幸福感				社会取向一般自我价值感				个人取向一般自我价值感			
	B	标准误差	*t*	*p*	*B*	标准误差	*t*	*p*	*B*	标准误差	*t*	*p*
常数	29.92	0.54	55.04	0.000**	16.683	0.191	87.508	0.000**	17.619	0.142	124.491	0.000**
活力	0.26	0.02	15.84	0.000**	0.027	0.006	4.598	0.000**	0.082	0.004	19.208	0.000**
Q1 性别－男［参照项］	—	—	—	—	—	—	—	—	—	—	—	—
Q1 性别－女	−0.73	0.62	−1.17	0.241	0.327	0.218	1.502	0.133	−0.118	0.162	−0.731	0.465
活力*Q1 性别－女	0.06	0.02	2.80	**0.005****	0.033	0.008	4.369	0.000**	0.017	0.006	2.942	0.003**

注　*p<0.05，**p<0.01，***p<0.001。

表 6-5　性别在自我价值感对主观幸福感影响的调节效应分析结果（*n*=1193）

类型	主观幸福感			
	B	标准误差	*t*	*p*
常数	30.218	0.663	45.578	0.000**
SH 价值感	0.777	0.173	4.482	0.000**
Q1 性别－男［参照项］	—	—	—	—
Q1 性别－女	−1.161	0.757	−1.533	0.125
SH 价值感*Q1 性别－女	0.45	0.206	2.181	0.029*

类型	主观幸福感			
	B	标准误差	*t*	*p*
常数	29.697	0.536	55.403	0.000**
GR 价值感	2.618	0.144	18.171	0.000**
Q1 性别－男［参照项］	—	—	—	—
Q1 性别－女	−0.467	0.612	−0.763	0.446
GR 价值感*Q1 性别－女	−0.489	0.172	−2.84	0005**

注　*p<0.05，**p<0.01，SH= 社会取向，GR= 个人取向。

其次，根据表 6-6，大学生活力正向显著预测主观幸福感、个人取向一般价值感和社会取向一般价值感；在社会取向一般自我价值感、个人取向一般自我价值感和活力同时预测主观幸福感时，个人取向一般自我价值感和活力分别正向显著预测主观幸福感，社会取向一般自我价值感对主观幸福感没有显著预测作用。由此，个人取向自我价值感在活力与主观幸福感之间起部分中介作用（假设 2 得到支持），社会取向一般自我价值感在活力与主观幸福感之间不起中介作用（图 6-2）。

表 6-6 中介作用分析结果（*n*=1193）

类别	主观幸福感				SH 价值感				GR 价值感				主观幸福感			
	B	标准误差	*t*	*p*	*B*	标准误差	*t*	*p*	*B*	标准误差	*t*	*p*	*B*	标准误差	*t*	*p*
常数	−11.04**	1.48	−7.45	0.000	10.69**	0.52	20.49	0.000	4.98**	0.39	12.92	0.000	−17.87**	1.61	−11.07	0.000
活力	0.30**	0.01	27.72	000	0.05**	0.004	12.15	0.000	0.09**	0.003	33.08	0.000	0.17**	0.014	12.05	0.000
SH 价值感	—	—	—	—	—	—	—	—	—	—	—	—	−0.03	0.084	−0.30	0.762
GR 价值感	—	—	—	—	—	—	—	—	—	—	—	—	1.43**	0.114	12.47	0.000
R^2	0.392				0.11				0.479				0.474			
调整 R^2	0.392				0.11				0.478				0.473			
F 值	*F*（1，1191）=768.613，*p*=0.000				*F*（1，1191）=147.578，*p*=0.000				*F*（1，1191）=1094.338，*p*=0.000				*F*（3，1189）=357.677，*p*=0.000			

注 SH= 社会取向，GR= 个人取向；*p<0.05，**p<0.01。

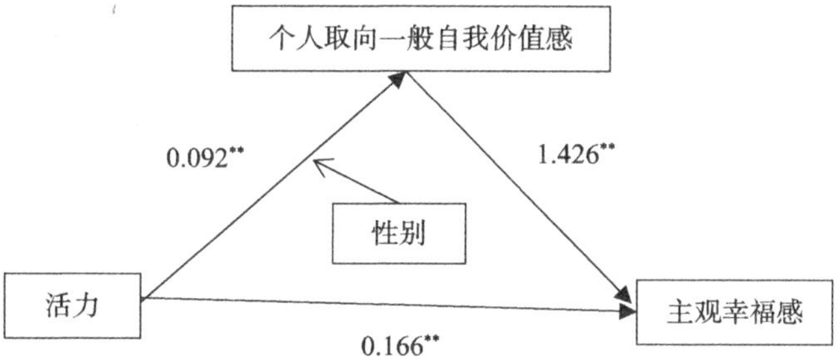

图 6-2 修正后的模型结构图 M2

再次，根据表 6-7，分析活力对主观幸福感的条件中介作用发现：总体上看，大学生活力对主观幸福感影响的直接效应、中介效应分别占总效应的 55.69%、44.31%，且 Boot *CI* 95% 的置信区间不包含 0，个人取向一般自我价值感的中介效应具有统计学意义；在男生群体中，大学生活力对主观幸福感的直接效应、中介效应分别占总效应的 31.43%、68.57%，且 Boot *CI* 95% 的置信区间不包含 0，个人取向一般自我价值感的中介效应具有统计学意义；在女生群体中，大学生活力对主观幸福感的直接效应、中介效应分别占总效应的 64.51%、34.49%，且 Boot *CI* 95% 的置信区间不包含 0，个人取向一般自我价值感的中介效应具有统计学意义。此外，个体取向一般自我价值感在男生群体所起的部分中介作用比女生群体更大。

表 6-7　中介作用检验结果和效应量结果汇总

项	c 总效应	a	b	a*b 中介效应	a*b（95% Boot CI）	c′ 直接效应	检验结论	相对中介效应
活力≥ SH 价值感≥幸福感	0.296**	0.046**	−0.026	−0.001	−0.021 ～ 0.017	0.166**	中介作用不显著	—
活力≥ GR 价值感≥幸福感	0.296**	0.092**	1.426**	0.131	0.228 ～ 0.329	0.166**	部分中介	44.31%
男：活力≥ GR 价值感≥幸福感	0.260**	0.082**	2.172**	0.179	0.367 ～ 0.550	0.090**	部分中介	68.57%
女：活力≥ GR 价值感≥幸福感	0.321**	0.099**	1.121**	0.111	0.153 ～ 0.268	0.205**	部分中介	34.49%

注　SH= 社会取向，GR= 个人取向；*p<0.05，**p<0.01。

然后，根据表 6-8，在对模型 M2 进行有调节的中介分析时发现，活力经个人取向一般自我价值感对主观幸福感的调节作用只有前半段受到性别的显著调节作用。再结合条件间接效应的分析结果，在“活力—个人取向自我价值感—主观幸福感”的路径中，性别调节变量取值水平不同时，个人取向一般自我价值感中介作用的大小出现由 −0.42 ～ 0.427 的变化，因此调节中介作用存在。

表 6-8　有调节中介模型的回归分析

类别	幸福感				GR 价值感			
	β	SE	t 值	p 值	β	SE	t 值	p 值
常数	−17.706	1.606	−11.025	0.000**	4.558	0.456	10	0.000**
活力	0.164	0.017	9.649	0.000**	0.095	0.003	28.428	0.000**
性别	−2.764	2.823	−0.979	0.328	2.374	0.9	2.636	0.008**
活力 * 性别	—	—	—	—	−0.017	0.007	−2.519	0.012*
GR 价值感	1.409	0.112	12.582	0.000**	—	—	—	—
GR 价值感 * 性别	0.188	0.158	1.189	0.235	—	—	—	—
R^2	0.475				0.483			
调整 R^2	0.473				0.481			
F 值	F（4，1188）=269.042，p=0.000				F（3，1189）=370.026，p=0.000			

注　*p<0.05，**p<0.01；GR= 个人取向。

为深入揭示个人取向自我价值感与性别的交互效应，进行了简单斜率检验，并取不同性别和个人取向自我价值感正负一个标准差的值绘制交互效应图（图 6-3）。根据图 6-3，男生、女生群体的活力均显著正向预测其个人取向一般自我价值感（男生：Bsimple=0.73，*SE*=0. 04，*p*<0.001，[0.07，0.09]；女生：Bsimple=0.68，*SE*=0.03，*p*<0.001，[0.09，0.11]），且男生比女生群体的预测作用更显著。

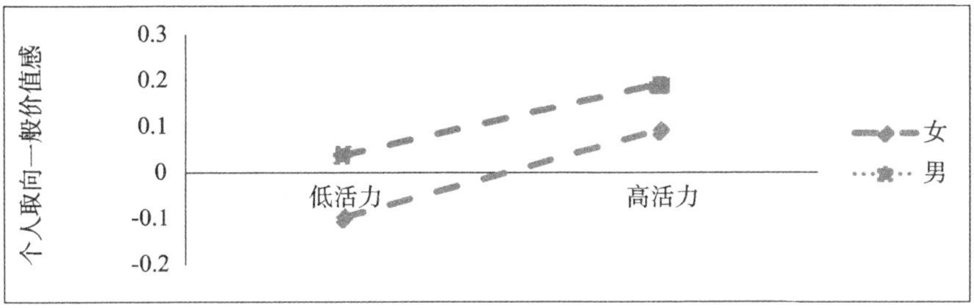

图 6-3　性别对活力预测个人取向一般自我价值按的调节作用（*n*=1193）

四、讨论

（一）活力对主观幸福感的影响

表 6-4 说明了大学生活力对主观幸福感具有正向预测作用。这一结果既符合当下的社会时代背景，也已经得到前人相关研究结果的佐证。在社会时代背景层面，激发活力、提高人民的主观幸福感已经成为现时代社会中的关键词。活力不仅是社会进步发展的推动力，实现了人类社会由被动的适应生存向主动创造生存的过渡，而且创造性的活力构建着人们丰富多彩的物质文化生活，深刻地影响着人们的幸福生活。党的十六届六中全会通过《中共中央关于构建社会主义和谐社会若干重大问题的决定》（2006），明确提出要按照“充满活力”的要求构建和谐社会，增强全社会创造活力。党的十七大报告中（2007）提出充满活力是构建社会主义和谐社会的总要求之一，要增强党的创新活力，激发各类人才的创造活力。

在个人层面，活力最普遍的表现就是个体具有旺盛的生命力，这是一种正向的高能量状态，会让个体产生一种积极向上，乐观愉悦的情感体验。它不但关系到个体的情绪变化和身体健康，而且与个体的幸福感、掌控感密切相关的心境状态，成为影响个体生活满意度和主观幸福感的重要因素，活力已经成为主观幸福感的重要组成部分（宋洪波等，2015）。如 Richard 等（1997）通过实证研究发现主观活力是个体幸福感的一个重要指标。冯琳琳（2017）也将活力看作幸福感的一个重要指标。Shimai 等（2006）认为活力、希望、好奇心和感恩等性格优势能有效提升人们的幸福感，其中特质活力与幸福感具有最大的相关性，这是因为长期而深刻的活力状态沉淀可以塑造一种活力的特质，成为理想人格、美德和性格优势的重要组成部分。此外，许多研究也表明，活力是幸福感的一种动态反应（Kasser & Ryan，1999；Ryan & Deci，2008；Ryan & Frederick，1997）。

值得注意的是，过去关于活力与幸福感关系的研究主要是活力作为其他概念的一个测度间接进行了考察，未详究二者的直接关系与相互作用机制。本研究以大学生群体为被试，直接考查了活力与主观幸福感的关系及影响的机制，研究结果有效性较高。

（二）个人取向一般自我价值感的中介效应

表 6-6 可知，个人取向一般自我价值感在活力与主观幸福感之间起着部分中介作用。换言之，越有活力的大学生，其个人取向一般自我价值感越高，体验到的主观幸福感水平越高。这可以从前人相关研究和现实生活事例中加以解释。首先，活力是在对生命意义的追问与探寻中产生的一种积极向上，乐观愉悦的高能量情感体验状态，而对生命意义的探寻本就是一个自我价值判断的重要过程，并形成个体的自我价值感。自我价值感是指个人在社会生活中对主体自我的重要性所产生的正面情感体验（黄希庭，杨雄，1998），个人取向自我价值感作为自我价值感的一种类型，其聚焦于个体内心的充实和自身潜能的发挥，其核心成分包括自我价值实现、正向的自我认识与评价、积极乐观的未来期待以及创新性的发展等，这与前期质性研究中探测到的大学生活力理论结构的自我实现、创新、良好的认知力等维度有较强的关联度（宋传颖等，2020）。这种核心维度的交叉为二者的关联与互动创造了重要条件。同时，不少研究表明，青少年的自我价值感与主观幸福感呈中高度的正相关，是主观幸福感的重要预测因素之一。汪宏等（2006）对自我价值感与主观幸福感二者关系的逐步法回归分析发现：一般自我价值感（特别是个人取向的一般价值感）与主观幸福感的回归效应最为明显，这可能与一般自我价值感反映了个体自己长期维持的基准价值水平，且比较稳定有关。因此，这些变量的递进关系为个人取向自我价值成为中介变量创造了重要前提条件。不过，根据表 6-7 所示，男生、女生群体中个人取向自我价值感的中介

作用所占总效应的比重出现了较大的不同，其中在男生群体所起到的中介作用影响更大，占到总效应的68.57%，女生只占到总效应的34.49%。其次，有活力的大学生，他们大多表现出积极进取、乐观向上、有目标、有追求，把有限的时间全身心投入到有意义、有价值的事情，更容易取得成功，实现自我价值，更容易得到认可，体验到成功的喜悦。可以说大学生的活力状态—正向的自我价值实现—积极的高水平的主观幸福感形成了循环往复，彼此交错互动的个体发展系统。

（三）性别的调节效应

本研究考察了大学生性别对“活力—个人取向一般自我价值—主观幸福感”这一中介作用的调节作用。结果显示性别对该中介链条前半段的调节作用显著。如图6-3所示，在男生群体中，活力对个人取向自我价值感的预测作用更加显著，即男生随着活力水平的提高，其个人取向一般自我价值的提升幅度更大。这可能与男、女间不同情绪特征差异（Wood et al，1989）、不同社会角色定位及社会角色期待有关（程翠萍，黄希庭，2011）有关。在男女群体亚文化中，男生更倾向于被鼓励为主外，要求更多表现为独立、自主、进取、有能力，敢担当、有所作为，建功立业，事业有成等；女生更倾向于主内，要求更多表现为文静、含蓄、温婉贤淑、体贴顾家、不张扬等。再加上男、女各自独特的行为表现模式和自我价值评判标准，男生比女生可能表现出更强的成就动机，更主动外向的积极进取需求，追求更高的个人取向的自我价值实现，呈现出不同的生命活力状态与人生发展的轨迹。

五、本研究的不足与展望

基于健全人格理论，本次调查探究了大学生活力预测其主观幸福感的机制，发现个人自我价值感和性别的重要作用。因此，今后学校在激发与培养大学生活力的过程中，既要注意正向自我认知和评价的引导与强化，又要依据男生和女生的不同特点因材施教，使其更有活力地学习与生活，增强其获得感和幸福感。然而，本研究仍存在如下不足有待改进。

一是未能很好地控制大学生所在学校的类型、专业类型、地理区域文化等变量可能造成的影响。事实上，不同地理区域文化、学校类型、专业类型的大学生可能在活力、个人取向自我价值感、主观幸福感上有一定差异，如顾海根（2002）研究发现文科学生在一般自我价值感上较理科和艺术类学生强；艺术类学生在个人取向的特殊自我价值感上较文、理科生强。所以，下一步研究可考虑对这些变量进行更严格的统计控制。二是个人取向自我价值感分量表只有5个项目，属于单维测验，根据杨强、叶宝娟和温忠麟（2014）推荐的计算方法，算出该单维测验的组合信度为0.75，信度系数不够高，这可能是项目数量较少有关。三是只关注个人取向一般自我价值感和性别对大学生活力预测主观幸福感的作用，但其它可能的影响因素如勇气、自我效能感、自立等尚未涉及。这些因素与自我价值感一样，都属于正向的评价体验或心理品质与个体的活力和主观幸福感密切相关。例如前人研究结果显示人们的活力是勇气重要构成内容之一（Peterson & Seligman，2004），勇气又与主观幸福感密切相关（Park & Peterson，2006；Brdar & Kashdan，2010；程翠萍，黄希庭，2016）。故探索这些心理变量在活力与主观幸福感之间可能起到的作用，是值得未来深入研究的课题。

六、结论

本研究得到如下结论：

第一，大学生活力正向预测主观幸福感。

第二，个人取向自我价值感在大学生活力与主观幸福感之间起部分中介作用。

第三，大学生活力经个人取向一般自我价值感对主观幸福感的部分中介作用受到性别的调节，男生的这种间接效应比女生更显著。

第七章　大学生人格与心理健康：活力的中介作用

大学阶段是大学生身心发生剧变的重要时期，是大学生世界观、人生观、价值观形成的关键阶段。大学教育的核心并不只是避免麻烦、防止困扰，被动解决问题，而是更加主动关心大学生人生中美好的一面，并主动发展它，努力让大学生成为身心健康、人格健全的新时代大学生。正如积极心理学所倡导的，只有寻求每个个体与生俱来、与众不同的美好品质，并积极地培养与实现它时，个体才能获得发展与幸福，社会才能获得和谐与进步。可见，大学生的身心健康与否、人格健全与否的意义重大，影响深远。因为他们担负着家庭希望、国家未来的重要使命。

心理健康是一种高效而满意、良好而持续的状态，在这种状态下，个体拥有较强的心理调节和适应能力，能有效应对日常生活压力，实现自己的潜能（李婷婷，2013）。近年来，不断增多的大学生心理健康研究一致提示，生理素质、人格特质、社会化环境、社会认知等多种因素间相互作用，共同影响着大学生的心理健康。其中，人格作为个体所展现的独一无二的、相对稳定的思想、情感和行为模式，在个体心理健康的预防、培育、干预中发挥着不可替代的作用，特别是多种积极个性品质的相互作用会对个体心理健康产生重要的协调效应。本研究基于健全人格理论，从积极心理学的视角，以大学生活力为中介变量，探究大学生大五人格与心理健康的作用机制，为培养心理健全、人格健全的当代大学生提供新的途径。

一、文献综述

（一）人格与心理健康的关系

人格作为一种稳定的心理资源，与心理健康密切相关。一般而言，积极的人格特质是个体对抗心理疾病的重要调节器和缓冲器，开发与培养积极人格特质，对于处在高压力、应激事件下的个体提高其心理健康水平具有重要意义。如高责任心的个体会经历更少的学业和社交压力（Murphy et al，2013）。而消极的人格特质是诱发个体消极情绪的触动器，很容易导致心理问题，如神经质和内向型的个体更有可能面临慢性应激压力（Kondratyuk & Morosanova，2014）。

目前，大五人格模型是心理学领域最为普遍验证和认可的人格结构理论，众多研究者以该人格结构理论为主，围绕其与心理健康的关系开展了相关研究。已有研究结果主要集中在：人格特质与心理健康的相关关系；不同人格特质对心理健康的预测作用；人格、心理健康和其他相关因素之间的中介作用等三个主要方面。首先，人格特质与心理健康状况密切相关。目前较多的研究证实外向性、开放性、宜人性、尽责性、严谨性、自信等人格特质常与心理健康因子显著正相关（Weber，Huebner，2015；车丽萍，庞连生，黄大伟，2010；顾寿全、奚晓岚，程灶火等，2014）；与抑郁、焦虑等心理症状显著负相关（张文悦，郭天蔚，郭卓等，2015）。因为它们常与积极情绪、主观幸福感相关，并且显著影响大学生的防御机制方式（田瑞琪，唐小娟，刘亭亭等，2013），成为促进青少年心理健康的重要因素之一。而个体的高神经质、情绪不稳定、倔强等人格特质常与心理健康因子呈显著负相关（黄雅梅，周仁来，吴梦莹，2015；李义安，王学臣，2004；周世军，李科生，张亚婷等，2008），与抑郁、焦虑等心理症状正相关（苏迅，蒋萍萍，2014）。因为它们更容易让个体体验到负面情绪，如愤怒、沮丧、焦虑等，对个体的身心健康带来巨大的负面影响。其次，人格（大五人格）对心理健康、心理危机存在预测作用（聂衍刚，刘伯兴，梁君倩，2010），不同的人格特质对心理健康的预测作用不同。其中，开放性、宜人性、外向性、人际关系、善良、利他性、适应性、严谨性等人格特质对心理健康的积极维度有显著的正向预测作用（罗薇，2020；赵淑媛，蔡太生，2012；罗伏生，张珊明，沈丹等，2011）；神经质、情绪性维度等表现为心理健康的“抑郁者”，对心理健康有显著的负面预测作用（胡军生，王登峰，滕兰芳，2007；Goodwin & Friedman，2006；Bienvenu et al，2001）。此外，目前大多数学者均认为神经质是心理健康稳定有力的关键性人格指标。再次，人格因素在其他因素与心理健康之间起中介变量作用。目前较多的研究集中在积极人格（如坚韧人格）在应激与心理症状之间具有中介作用，它可以通过影响个体的认知评价来缓冲应激对心理健康的影响（卢国华，2008；洪炜，涂红红，2009）。最后，其他相关因素在人格与心理健康之间起着中介变量作用。如“成就目标”在“大五”人格对大学生心理健康的影响过程中发挥中介作用，且不同类型的成就目标发挥不同的中介作用，如表现回避目标在神经质和大学生心理健康的关系中发挥完全中介作用（罗薇，2020）；大学生学习适应性、学业自我效能感和应对方式等在大五人格与心理健康之间起部分中介作用（张美艳，2010；史琼，2017）。

总之，上述研究结论均表明：个体的人格特质与心理健康之间存在着密切的关系，大学生人格特质已经成为其心理健康状况最有力、最稳定的预测源之一。不过，从系统观视角，对大五人格与心理症状（SCL-90）之间的作用机制以及它们之间作用效果大小的系统研究还不多。因此，**本研究提出假设1：大学生人格对其心理症状有预测作用，不同人格特质的预测作用不同；具体是宜人性、尽责性、开放性、外向性负向预测大学生心理症状，神经质正向预测大学生心理症状。**

（二）活力的中介作用

随着积极心理学的兴起，学者们将研究个体的视角开始从关注消极问题本身转向关注与消极问题相对立的积极面，个体的优势性格和积极心理品质日益得到学者们的广泛关注和研究。国外，很多学者把活力看作积极人格特质、优势性格和人格结构模型的重要构成维度。如Peterson和Seligman（2004）归纳出“有活力”是24种积极的人格特质之一。Brdar等（2010）将“活力”作为大学生优势性格的重要成维度之一，Toner等将“活力”作为高中生性格优势的重要构成维度之一。在国外使用最为广泛的“大五人格模型”中，也有关于活力的描述，如外向性表示热情、自信、有活力，它包含热情、乐群、独断、活跃、寻求刺激和积极情绪六个子维度（王登峰，崔红，2003；刘继亮，孔克勤，2001）。国内，部分学者将活力看作理想人格结构、健全人格模型的组成部分。如王振勇等（2002）将“有活力”作为高中生理想人格结构的重要组成部分。在“大七人格”理论中，外向性维度中的“活跃、乐观”、人际关系维度中的“热情”、才干维度中的“坚韧”、处事态度维度的“自信”等次级维度也与活力有关。黄希庭教授及其研究团队（2006）基于20多年的系列研究成果和实践经验提出了健全人格理论，其核心观点认为健全人格（完美人格）是各种积极人格特征的有机整合（黄希庭，郑涌，李宏翰，2006），主要包含价值观、自我观和追求梦想的品格三个层次。活力作为积极的人格特质之一，是健全人格中最外层的积极心理品格的重要组成部分，构成了健全人格形成的能量和动力基础。

同时，活力与心理健康也密切相关。国外，美国心理学家 Furlong 提出了学生综合活力（student covitality）概念，并认为它是一种经由个体身上具有的多种积极特质协同作用而产生的个人健康和幸福的协同体验，并以此作为评估学生社会和情绪健康的综合指标。Furlong，You S. 等人（2013）对美国两所综合性高中的学生调查研究发现：包括综合活力在内的社会情绪健康测量模型对心理压力有显著的负向预测作。Claire Pennell 等人（2015）的研究证实综合活力是增加主观幸福感、减少抑郁症的显著预测因素。Seung-yeon Lee 等人（2016）对韩国某所中学的青少年进行调查，结果表明综合活力得分高的青少年其主观幸福感也更高，而且他们报告了更少的抑郁症状。国内，方敏研究发现高年级小学生综合活力对抑郁有显著负向预测作用，它通过影响学生学校归属感的形成间接地对高年级小学生的抑郁起作用。潘彦谷、张大均等人（2016）研究发现中学生的综合活力能显著预测其主观幸福感。谢家树、刘姗（2017）的研究也表明社会与情绪健康综合活力与青少年的主观幸福感显著正相关，与抑郁、焦虑、压力之间存在显著负相关。

总之，活力与个体人格和心理健康均密切相关，大量实证研究为活力在人格与心理健康之间的中介效应提供了间接支持。**由此，本研究提出假设 2：大学生人格能有效预测其活力。假设 3：大学生活力能有效预测其心理症状。假设 4：大学生活力在其人格对心理健康的影响中起中介作用。**

（三）小结

综上所述，我们初步构建一个中介模型（图 7-1），本研究基于健全人格理论，旨在探讨大学生的人格与心理健康的关系、两者之间关系如何发生以及在活力的中介作用下会有怎样的变化。这既能为健全人格理论提供可靠的现实证据，也对大学生的心理健康教育有一定启发意义。

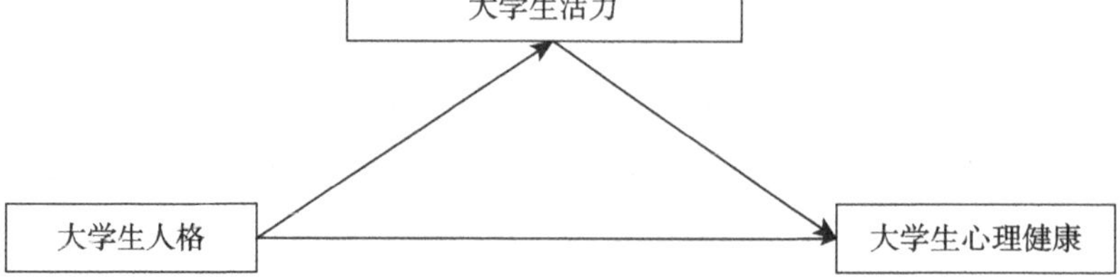

图 7-1 理论假设结构模型图 M1

二、方法

（一）被试

采用方便取样的方法，选取湖南、重庆、四川、山东、内蒙古、广东等地区三类不同层次大学的1200名学生为研究对象。其中一本327人，二本504人，三本362人，经过筛查后1193名有效被试，有效率为99.42%。其中男生279人，女生914人。被试年龄介于17～25周岁，均未婚。

（二）材料

中国大学生活力量表（VSUS）采用宋传颖等编制的《大学生活力量表（VSUS）》测量大学生的活力水平。VSUS包含坚毅性、创新性、外向性、进取性、旺盛的生命力、良好的认知力和身心健康七个因子，共有39个项目，如“对未来充满憧憬与盼望”等。采用1～5计分，得分越高表示此类活力水平越高。该量表信效度较好，总量表的Cronbach's α 系数为0. 97，重测信度为0.63，项目的因子载荷介于0.53～0.85，组合信度介于0.88～0.93，平均方差抽取量为0.55～0.73。

大学生人格问卷。采用王孟成等在中国大五人格问卷（CBF-PI）的基础上编制的中国大五人格问卷简式版（CBF-PI-B），包括神经质、开放性、外向性、宜人性和尽责性5个分量表，每个分量表8个项目，共40个项目。各分量表的 α 系数在0.764～0.814，间隔10周后的重测系数在0.672～0.811，各因子与完整版量表对应因子的相关均在0.85以上，具有较好的信效度。采用Likert五点计分，“1”为“非常同意”，“5”为“非常不同意”；神经质得分越高说明情绪越不稳定，外向性、开明性、宜人性和尽责性得分越高，说明性格越外向、越开明、越随和及责任心越强。

症状自评量表（SCL-90）。采用Derogatis编制于1973年编制的症状自评量表（SCL-90），它包括躯体化、强迫症状、人际关系敏感、抑郁、焦虑、敌对、恐怖、偏执及精神病性共九个因子，目前已成为国内心理健康研究领域应用最多的一种自评量表。它采用五级评分制，1～5分别表示“从无”“轻度”“中度”“偏重”“严重”。国内学者陈树林等（2003）研究表明的研究表明，SCL-90量表的同质性信度为0.97，各分量表的同质性信度在0.96以上，重测信度大于

0.7；各分量表与总量表的相关为0.79～0.92，各分量表之间的相关为0.59～0.83，说明SCL -90量表内容和结构效应较好，SCL-90在正常人群中有较好的信度和效度。

（三）程序

本研究采取现场团体施测与网络个别施测相结合的办法。现场施测由受过心理学问卷施测培训的研究人员在班级团体采用卷星编制问卷链接，发放至被试的手机端或PC端，然后统一完成测试，施测前阅读、讲解统一指导语，并监控作答。网络个别施测采用卷星编制问卷链接，发放至被试的手机端或PC端，由其独自进行作答，问卷链接在第一页呈现指导语，并提前将每道题设为必答题（不允许跳过、漏答），设置每道题最少作答时间，并通过质量检测题将重复题项不同作答的问卷直接剔除。录入有效问卷数据之后，使用SPSS和AMOS软件进行统计分析。

三、结果

（一）区分效度与共同方法偏差检验

采用验证性因子分析和HTMT法（异质—单质比率）进行区分效度验证。验证性因子分析法依据平均方差萃取值（AVE）与因子间相关系数的比值大小进行区分效度验证。根据检验结果，大学生活力的AVE平方根值为0.867，大于因子间相关系数绝对值的最大值0.566，意味着其具有良好的区分效度；大学生人格的AVE平方根值为0.699，大于因子间相关系数绝对值的最大值0.566，意味着其具有良好的区分效度；大学生心理健康的AVE平方根值为0.914，大于因子间相关系数绝对值的最大值0.363，意味着其具有良好的区分效度。同时，所有因子之间的HTMT值（0.68，-0.38，-0.15）均小于0.85，说明因子之间具有良好的区分效度。

采用“Harman单因子检验”考察共同方法偏差（周浩，龙立荣，2004）。结果显示，未旋转情况下总共抽取24个特征值大于1的公因子，累计解释总方差的66.76%，其中第一个公因子的方差解释百分比是29.50%，远低于40%的临界值，因此可以认为本研究不存在明显的共同方法偏差问题。

（二）描述性统计相关分析

表 7-1 列出了各变量的平均数、标准差和相关矩阵。各平均数结果显示，大学生的活力水平、人格健全的程度、心理健康水平均较高。相关分析表明，大学生活力与人格显著正相关，即越有活力的个体可能拥有更健全的人格特质；大学生活力与心理症状显著负相关，即越有活力的大学生，可能出现的心理症状越少；大学生人格与心理健康显著负相关，即大学生的人格特质越积极正向，可能出现的心理症状越少。根据表 7-2 所示，大学生活力的 7 个子维度与开放性、外向性、宜人性、尽责性 4 个人格特质显著正相关；与神经质显著负相关。大学生活力的 7 个子维度与大学生的 9 个心理症状显著负相关。大学生的开放性、外向性、宜人性、尽责性四个人格特质与其 9 个心理症状显著负相关；大学生的神经质与其 9 个心理症状显著正相关。这为进一步检验活力的中介效应提供了支持。

表 7-1　各变量的平均数、标准差和相关系数（*n*=951）

类别	总分	男	女	1	2	3
大学生活力	3.79±0.65	3.88±0.73	3.74±0.58	—	0.492**	−0.379**
大学生人格	3.91±0.55	3.96±0.62	3.88±0.49	0.638**	—	−0.093*
大学生心理症状	1.39±0.51	1.38±0.55	1.40±0.48	−0.345*	−0.130*	—

注　***p*<0.01，****p*<0.001。

表 7-2　活力、人格、心理症状各变量间子维度之间相关系数（*n*=951）

各变量子维度	1	2	3	4	5	6	7
8.DW- 开放性	0.63**	0.52**	0.43**	0.63**	0.56**	0.60**	0.45**
9.DW- 外向性	0.44**	0.31**	0.37**	0.44**	0.40**	0.38**	0.38**
10.DW- 宜人性	0.54**	0.56**	0.50**	0.56**	0.56**	0.59**	0.41**
11.DW- 尽责性	0.51**	0.55**	0.58**	0.51**	0.56**	0.54**	0.37**
12.DW- 神经质	−0.26**	−0.22**	−0.25**	−0.19**	−0.25**	−0.19**	−0.24**
13.SCL- 躯体化	−0.26**	−0.19**	−0.22**	−0.25**	−0.25**	−0.24**	−0.35**
14.SCL- 强迫症	−0.31**	−0.28**	−0.28**	−0.25**	−0.32**	−0.28**	−0.33**
15.SCL- 人际敏感	−0.34**	−0.30**	−0.36**	−0.30**	−0.35**	−0.30**	−0.36**
16.SCL- 抑郁	−0.38**	−0.30**	−0.37**	−0.34**	−0.38**	−0.31**	−0.43**
17.SCL- 焦虑	−0.32**	−0.25**	−0.31**	−0.28**	−0.33**	−0.29**	−0.39**
18.SCL- 敌对	−0.31**	−0.20**	−0.23**	−0.28**	−0.28**	−0.26**	−0.36**
19.SCL- 恐怖	−0.32**	−0.25**	−0.30**	−0.28**	−0.29**	−0.29**	−0.34**

续表

各变量子维度	1	2	3	4	5	6	7
20.SCL- 偏执	−0.30**	−0.19**	−0.26**	−0.28**	−0.29**	−0.24**	−0.37**
21.SCL- 精神病性	−0.31**	−0.23**	−0.27**	−0.27**	−0.30**	−0.27**	−0.38**
各变量子维度	8	9	10	11	12	—	—
13.SCL- 躯体化	−0.18**	−0.14**	−0.19**	−0.22**	0.27**	—	—
14.SCL- 强迫症	−0.16**	−0.18**	−0.13**	−0.23**	0.44**	—	—
15.SCL- 人际敏感	−0.23**	−0.22**	−0.16**	−0.26**	0.44**	—	—
16.SCL- 抑郁	−0.22**	−0.22**	−0.17**	−0.27**	0.46**	—	—
17.SCL- 焦虑	−0.21**	−0.17**	−0.17**	−0.23**	0.41**	—	—
18.SCL- 敌对	−0.17**	−0.12**	−0.20**	−0.26**	0.33**	—	—
19.SCL- 恐怖	−0.22**	−0.19**	−0.20**	−0.25**	0.35**	—	—
20.SCL- 偏执	−0.18**	−0.12**	−0.23**	−0.23**	0.33**	—	—
21.SCL- 精神病性	−0.18**	−0.14**	−0.16**	−0.24**	0.36**	—	—

注 H= 活力，DW= 大五人格，SCL= 心理症状自评 .；1.H- 坚毅性，2.H- 创新性，3.H- 外向性，4.H- 进取性，5.H –旺盛生命力，6.H- 良好认知力，7.H- 身心健康；8.DW- 开放性，9.DW- 外向性，10.DW- 宜人性，11.DW- 尽责性，12.DW- 神经质。

（三）人格特质、活力对心理健康的回归分析

将大学生的活力总分均值、大五人格总分均值作为自变量，将症状自评量表（SCL—90）的总分均值作为因变量进行逐步回归分析（逐步 stepwise 法）。经过模型自动识别，最终余下活力总分均值，大五人格总分均值一共 2 项在模型中，R^2 值为 0.145，意味着活力总分均值、大五人格总分均值可以解释症状自评量表（SCL—90）总分均值的 14.5% 变化原因。而且模型通过 F 检验（F=80.221，p=0.000<0.05），说明模型有效。另外，针对模型的多重共线性进行检验发现，模型中 VIF 值全部均小于 5，意味着不存在着共线性问题；并且 D–W 值在数字 2 附近，因而说明模型不存在自相关性，样本数据之间并没有关联关系，模型较好。最终具体分析可知：活力总分均值的回归系数值为 −0.346（t=−12.111，p=0.000<0.01），意味着活力总分均值会对 SCL—90 总分均值产生显著的负向影响关系。大五人格总分均值的回归系数值为 0.128（t=3.797，p=0.000<0.01），意味着大五人格总分均值会对 SCL—90 总分均值产生显著的正向影响关系。

（四）活力的中介效应检验

由相关分析的结果可知，大学生人格、各心理症状及活力之间均存在显著的相关关系，可以进一步分析其中的中介关系。首先，采用潜变量结构方程模型对大学生“人格—活力—心理健康状况”的总结构模型进行检验，结果发现模型各项拟合指数良好（χ^2=2038.831，df=206，$p < 0.001$，CFI=0.923，NFI=0.916，NNFI=0.914，TLI=0.914，SRMR=0.086，RMSEA=0.097，RMSEA 的 95% 置信区间为［0.087，0.101］）。其次，根据 Hayes（2013）、温忠麟和叶宝娟（2014）的方法，采用 SPSSAU 在线分析，分别检验大学生活力在大学生大五人格与各心理症状之间的中介作用。

1. 活力在人格与躯体化之间的中介作用

本研究以大学生的“大五人格”为预测变量，大学生“活力”为中介变量，大学生的躯体化症状为结果变量。检验结果如下：

大学生神经质显著负向预测其活力（a=−0.880**，SE=0.082，$p < 0.001$）；大学生活力显著负向预测其躯体化症状（b=−0.034**，SE=0.010，p=0.001）；大学生的神经质对其躯体化的直接效应显著（c'=0.180**，SE=0.026，$p < 0.001$）。Bootstrap 结果显示，大学生活力在神经质与躯体化症状之间的部分中介效应显著（ab=0.030，），95% 的置信区间为［0.005 ～ 0.074］，中介效应占总效应的比例 ab /（ab+c'）=14.18%，即在“神经质—活力—躯体化”结构模型中，大学生的高神经质既可以直接增强其躯体化程度，还可以通过削弱其活力来增强自己的躯体化程度。

大学生的尽责性显著正向预测其活力（a=1.131**，SE=0.138，$p < 0.001$），大学生活力负向预测躯体化（b=−0.034**，SE=0.010，p=0.001）；大学生的尽责性对其躯体化的直接效应不显著（c'=−0.064，SE=0.042，p=0.132）。Bootstrap 结果显示，大学生活力在尽责性与躯体化症状之间的完全中介效应显著（ab=−0.038），95% 的置信区间为［−0.097 ～ −0.006］，即在“尽责性—活力—躯体化”结构模型中，大学生的尽责性可以完全通过增强其活力来减轻自己的躯体化。

大学生开放性显著正向预测其活力（a=0.822**，SE=0.142，$p < 0.001$），大学生活力显著负向预测其躯体化（b=−0.034**，SE=0.010，p=0.001），大学生的开放性对其躯体化的直接效应不显著（c'=−0.014，SE=0.043，p=0.740）。Bootstrap 结果显示，大学生活力在开放性与躯体化症状之间的完全中介效应显著（ab=−0.028），95% 的置信区间为［−0.065 ～ −0.005］，即在“开放性—活力—躯体

化”结构模型中，大学生的开放性可以完全通过增强其活力来减轻自己的躯体化。

大学生外向性显著正向预测其活力（a=1.099**，SE=0.138，p < 0.001），大学生活力显著负向预测其躯体化（b=–0.034**，SE=0.010，p=0.001），大学生的外向性对其躯体化的直接效应不显著（c'=0.057，SE=0.042，p=0.176）。Bootstrap 结果显示，大学生活力在外向性与躯体化之间的完全中介效应显著（ab=–0.037），95% 的置信区间为［–0.084 ～ –0.006］，即在“外向性—活力—躯体化”结构模型中，大学生的外向性可以完全通过增强其活力来减轻自己的躯体化。

大学生的宜人性正向预测活力不显著（a=0.59，SE=0.122，p=0.629），大学生活力显著负向预测其躯体化（b=–0.034**，SE=0.010，p=0.001），大学生的宜人性对其躯体化的直接效应显著（c'=–0.085*，SE=0.036，p=0.104）。Bootstrap 结果显示，大学生活力在宜人性与躯体化之间的中介效应不显著（ab=–0.002），95% 的置信区间为［–0.012 ～ 0.009］。即在“宜人性—活力—躯体化”结构模型中，大学生的高宜人性可以直接减轻其躯体化。

为了验证上述结果的可靠性，本研究采用潜变量结构方程模型检验中介效应（表 7–3），与回归分析的结果基本一致，证明了本研究结果的稳定性。

表 7–3　大学生活力在大五人格与躯体化间的中介模型拟合指数

Model	χ^2/df	CFI	NFI	RMSEA（90%CI）	Path a	Path b	Path c
神经质	4.88	0.92	0.91	0.064（0.061 ～ 0.067）	–0.28***	–0.23***	0.20***
尽责性	5.15	0.92	0.90	0.066（0.063 ～ 0.069）	0.71***	–0.22***	–0.10
外向性	6.14	0.901	0.89	0.074（0.066 ～ 0.077）	0.69***	–0.31***	0.024
开放性	5.96	0.907	0.891	0.072（0.065 ～ 0.076）	0.68***	–0.28***	–0.02
宜人性	6.73	0.886	0.869	0.078（0.069 ～ 0.081）	0.51***	–0.21***	–0.15**

注　**p<0.01，***p<0.001。

总之，高神经质的大学生更有可能表现出低活力状态；高尽责性、高开放性、高外向性的大学生更有可能表现出高的活力状态；大学生的宜人性对活力的正向影响结果是否显著结果不一，假设 2 得到验证。大学生的高活力可以减轻其躯体化症状，假设 3 得到验证。大学生活力在其神经质与躯体化之间起部分中介作用，在其尽责性、开放性、外向性与躯体化之间起完全中介作用，在其宜人性与躯体化之间是否起中介作用结果不一，须进一步验证，假设 4 得到部分验证。

2．活力在人格与强迫症状之间的中介作用

本研究以大学生的“大五人格”为预测变量，大学生“活力”为中介变量，大学生的强迫症状为结果变量。结果如下：

大学生的神经质显著负向预测其活力（a=–0.880**，SE=0.082，$p < 0.001$），大学生活力显著负向预测其强迫症状（b=–0.040**，SE=0.010，$p < 0.001$），大学生的神经质对其强迫症状的直接效应显著（c'=0.345**，SE=0.027，$p < 0.001$）。Bootstrap 结果显示，大学生活力在神经质与强迫症状之间的部分中介效应显著（ab=0.036,），95% 的置信区间为［0.015 ～ 0.069］，中介效应占总效应的比例 ab /（$ab+c'$）=9.36%，即在“神经质—活力—强迫症状”的结构模型中，大学生的高神经质既可以直接增强其强迫症状，又可以通过削弱其活力来增强自己的强迫症状。

大学生的尽责性显著正向预测其活力（a=1.131**，SE=0.138，p<0.001），大学生活力显著负向预测强迫症状（b=–0.040**，SE=0.010，p<0.001），大学生的尽责性对其强迫症状的直接效应显著（c'=–0.096*，SE=0.044，p<0.05）。Bootstrap 结果显示，大学生活力在尽责性与强迫症状之间的部分中介效应显著（ab=–0.046），95% 的置信区间为［–0.091 ～ –0.016］，中介效应占总效应的比例 ab /（$ab+c'$）=32.39%，即在“尽责性—活力—强迫症状”的结构模型中，大学生的尽责性既可以直接缓解自己的强迫症状，又可以通过增强其活力来缓解自己的强迫症状。

大学生开放性显著正向预测其活力（a=0.822**，SE=0.142，p<0.001），大学生活力显著负向预测其强迫症状（b=–0.040**，SE=0.010，p<0.001），大学生的开放性对其强迫症状的直接效应不显著（c'=0.043，SE=0.045，p=0.339）。Bootstrap 结果显示，大学生活力在开放性与强迫症状之间的完全中介效应显著（ab=–0.033），95% 的置信区间为［–0.064 ～ –0.012］，即在“开放性—活力—强迫症状”的结构模型中，大学生的开放性可以完全通过增强其活力来减轻自己的强迫症状。

大学生外向性显著正向预测其活力（a=1.099**，SE=0.138，p<0.001），大学生活力显著负向预测强迫症状（b=–0.040**，SE=0.010，p<0.001），大学生的外向性对其强迫症状的直接效应不显著（c'=–0.060，SE=0.044，p=0.173）。Bootstrap 结果显示，大学生活力在外向性与强迫症状之间的完全中介效应显著（ab=–0.044），95% 的置信区间为［–0.077 ～ –0.015］，即在“外向性—活力—强迫症状”的结构模型中，大学生的外向性可以通过完全增强其活力来减轻自己

的强迫症状。

大学生的宜人性正向预测活力不显著（*a*=0.59，*SE*=0.122，*p*=0.629），大学生活力显著负向预测其强迫症状（*b*=−0.040**，*SE*=0.010，*p*<0.001），大学生的宜人性对其强迫症状的直接效应不显著（*c′*=0.013，*SE*=0.038，*p*=0.736）。Bootstrap 结果显示，大学生活力在宜人性与强迫症状之间的中介效应不显著（*ab*=−0.002），95% 的置信区间为［−0.012 ～ 0.009］。即在“宜人性—活力—强迫症状”的结构模型中，宜人性对强迫症状的影响不大。

为了验证上述结果的可靠性，本研究采用潜变量结构方程模型检验中介效应，与回归分析的结果基本一致（表 7-4），证明了本研究结果的稳定性。

表 7-4　大学生活力在大五人格与强迫症状间的中介模型拟合指数

Model	χ^2/df	CFI	NFI	RMSEA（90%*CI*）	Path *a*	Path *b*	Path *c*
神经质	4.674	0.923	0.904	0.062（0.059 ～ 0.066）	−0.28***	−0.27***	0.40***
尽责性	5.131	0.917	0.899	0.066（0.063 ～ 0.069）	0.71***	−0.34***	−0.06
外向性	6.046	0.897	0.879	0.073（0.053 ～ 0.076）	0.69***	−0.35***	−0.06
开放性	5.955	0.902	0.885	0.072（0.058 ～ 0.076）	0.68***	−0.45***	0.10
宜人性	6.659	0.880	0.862	0.077（0.069 ～ 0.081）	0.51***	−0.38***	−0.01

注　****p*<0.001。

总之，大学生的高活力可以减轻其强迫症状，假设 3 得到部分验证。大学生的活力在其神经质、尽责性与强迫症状之间起部分中介作用，在其开放性、外向性与强迫症状之间起完全中介作用，在其宜人性与强迫症状之间是否起中介作用结果不一，须进一步验证，假设 4 得到部分验证。

3．活力在人格与人际关系敏感之间的中介作用

本研究以大学生的“大五人格”为预测变量，大学生“活力”为中介变量，大学生的人际关系敏感为结果变量。结果如下：

大学生的神经质显著负向预测其活力（*a*=−0.880**，*SE*=0.082，*p*<0.001），大学生活力负向预测其人际关系敏感（*b*=−0.005**，*SE*=0.001，*p*<0.001），大学生的神经质对其人际关系敏感的直接效应显著（*c′*=0.036**，*SE*=0.003，*p*<0.001）。Bootstrap 结果显示，大学生活力在神经质与人际关系敏感之间的部分中介效应显著（*ab*=0.004），95% 的置信区间为［0.018 ～ 0.076］，中介效应占总效应的比例 *ab*/（*ab*+*c′*）=9.99%，即在“神经质—活力—人际关系敏感”的结构模型中，大学生的神经质既可以直接增强其人际关系敏感，又可以通过削弱其活力来增强自己

的人际关系敏感症状。

大学生的尽责性显著正向预测其活力（a=1.131**，SE=0.138，p<0.001），大学生活力显著负向预测其人际关系敏感（b=–0.005**，SE=0.001，p<0.001），大学生的尽责性对其人际关系敏感的直接效应不显著（c'=–0.006，SE=0.044，p=0.204）。Bootstrap 结果显示，大学生活力在尽责性与人际关系敏感之间的完全中介效应显著（ab=–0.005），95% 的置信区间为［–0.098 ～ –0.019］，即在"尽责性—活力—人际关系敏感"的结构模型中，大学生的尽责性可以完全通过增强其活力来减轻自己的人际关系敏感。

大学生开放性显著正向预测其活力（a=0.822**，SE=0.142，p<0.001），大学生活力显著负向预测其人际关系敏感（b=–0.005**，SE=0.001，p<0.001），大学生的开放性对其人际关系敏感的直接效应不显著（c'=–0.005，SE=0.005，p=0.233）。Bootstrap 结果显示，大学生活力在开放性与人际关系敏感之间的完全中介效应显著（ab=–0.004），95% 的置信区间为［–0.070 ～ –0.015］，即在"开放性—活力—人际关系敏感"的结构模型中，大学生的开放性可以完全通过增强其活力来减轻自己的人际关系敏感。

大学生外向性显著正向预测其活力（a=1.099**，SE=0.138，p<0.001），大学生活力显著负向预测其人际关系敏感（b=–0.005**，SE=0.001，p<0.001），大学生的外向性对其人际关系敏感的直接效应不显著（c'=–0.005，SE=0.004，p=0.297）。Bootstrap 结果显示，大学生活力在外向性与人际关系敏感之间的完全中介效应显著（ab=–0.005），95% 的置信区间为［–0.085 ～ –0.018］，即在"外向性—活力—人际关系敏感"的结构模型中，大学生的外向性可以完全通过增强其活力来减轻自己的人际关系敏感。

大学生的宜人性正向预测活力不显著（a=0.59，SE=0.122，p=0.629），大学生活力显著负向预测其人际关系敏感（b=–0.005**，SE=0.001，p<0.001），大学生的宜人性对其人际关系敏感的直接效应不显著（c'=0.002，SE=0.004，p=0.561）。Bootstrap 结果显示，大学生活力在宜人性与人际关系敏感之间的中介效应不显著（ab=–0.000），95% 的置信区间为［–0.013 ～ 0.009］。即在"宜人性—活力—人际关系敏感"的结构模型中，宜人性对人际关系铭感的影响不大。

为了验证上述结果的可靠性，本研究采用潜变量结构方程模型检验中介效应，与回归分析的结果基本一致（表 7–5），证明了本研究结果的稳定性。

表 7-5 大学生活力在大五人格与人际关系敏感间的中介模型拟合指数

Model	χ^2/df	CFI	NFI	RMSEA（90%*CI*）	Path *a*	Path *b*	Path *c*
神经质	5.716	0.923	0.909	0.070（0.067 ～ 0.074）	-0.28^{***}	-0.29^{***}	0.36^{***}
尽责性	5.866	0.924	0.910	0.072（0.068 ～ 0.075）	0.71^{***}	-0.37^{***}	−0.02
外向性	7.437	0.899	0.885	0.082（0.057 ～ 0.086）	0.69^{***}	-0.32^{***}	−0.09
开放性	10.649	0.837	0.823	0.101（0.090 ～ 0.106）	0.69^{***}	-0.35^{***}	−0.06
宜人性	8.294	0.881	0.867	0.088（0.078 ～ 0.092）	0.50^{***}	-0.35^{***}	−0.07

注 ***$p<0.001$。

总之，大学生的高活力可以减轻其人际关系敏感，假设 3 得到部分验证。大学生的活力在其神经质与人际关系敏感之间起部分中介作用，在其尽责性、外向性、开放性与人际关系敏感之间起完全中介作用，在其宜人性与人际关系敏感之间是否中介作用显著结果不一，需要进一步加以验证，假设 4 得到部分验证。

4．活力在人格与抑郁症状之间的中介作用

本研究以大学生的“大五人格”为预测变量，大学生“活力”为中介变量，大学生的抑郁症状为结果变量。结果如下：

大学生的神经质显著负向预测其活力（$a=-0.880^{**}$，$SE=0.082$，$p<0.001$）；大学生活力显著负向预测抑郁症状（$b=-0.006^{**}$，$SE=0.001$，$p<0.001$），大学生的神经质对其抑郁症状的直接效应显著（$c'=0.035^{**}$，$SE=0.003$，$p<0.001$）。Bootstrap 结果显示，大学生活力在神经质与抑郁症状之间的部分中介效应显著（$ab=0.005$），95% 的置信区间为［0.029 ～ 0.087］，中介效应占总效应的比例 $ab/(ab+c')=12.38\%$，即在“神经质—活力—抑郁症状”的结构模型中，大学生的神经质既可以直接增强自己的抑郁症状，又可以通过削弱其活力来增强自己的抑郁症状。

大学生的尽责性显著正向预测其活力（$a=1.131^{**}$，$SE=0.138$，$p<0.001$），大学生活力显著负向预测抑郁症状（$b=-0.006^{**}$，$SE=0.001$，$p<0.001$），大学生的尽责性对其抑郁症状的直接效应不显著（$c'=-0.006$，$SE=0.004$，$p=0.173$）。Bootstrap 结果显示，大学生活力在尽责性与抑郁症状之间的完全中介效应显著（$ab=-0.006$），95% 的置信区间为［−0.113 ～ −0.032］，完全中介效应占总效应的比例 $ab/(ab+c')=100\%$，即在“尽责性—活力—抑郁症状”的结构模型中，大学生的尽责性可以完全通过增强其活力来减轻自己的抑郁症状。

大学生开放性显著正向预测其活力（$a=0.822^{**}$，$SE=0.142$，$p<0.001$），大

学生活力显著负向预测其抑郁症状（b=–0.006**，SE=0.001，p<0.001），大学生的开放性对其抑郁症状的直接效应不显著（c'=–0.003，SE=0.004，p=0.547）。Bootstrap 结果显示，大学生活力在开放性与抑郁症状之间的完全中介效应显著（ab=–0.005），95% 的置信区间为［–0.082 ～ –0.023］，即在“开放性—活力—抑郁症状”的结构模型中，大学生的开放性可以完全通过增强其活力来减轻自己的抑郁症状。

大学生外向性显著正向预测其活力（a=1.099**，SE=0.138，p<0.001），大学生活力显著负向预测其抑郁症状（b=–0.006**，SE=0.001，p<0.001），大学生的外向性对其抑郁症状的直接效应不显著（c'=–0.002，SE=0.004，p=0.596）。Bootstrap 结果显示，大学生活力在外向性与抑郁症状之间的完全中介效应显著（ab=–0.006），95% 的置信区间为［–0.100 ～ –0.029］，即在“外向性—活力—抑郁症状”的结构模型中，大学生的外向性可以通过增强其活力来减轻自己的抑郁症状。

大学生的宜人性正向预测活力不显著（a=0.59，SE=0.122，p=0.629），大学生活力显著负向预测其抑郁症状（b=–0.006**，SE=0.001，p<0.001），大学生的宜人性对其抑郁症状的直接效应不显著（c'=0.001，SE=0.004，p=0.809）。Bootstrap 结果显示，大学生活力在宜人性与抑郁症状之间的中介效应不显著（ab=–0.000），95% 的置信区间为［–0.016 ～ 0.011］。即在“宜人性—活力—抑郁症状”的结构模型中，大学生的宜人性对其抑郁症状的影响不大。

为了验证上述结果的可靠性，本研究采用潜变量结构方程模型检验中介效应，与回归分析的结果基本一致（表 7–6），证明了本研究结果的稳定性。

表 7–6　大学生活力在大五人格与抑郁症状间的中介模型拟合指数

Model	χ^2/df	CFI	NFI	RMSEA（90%CI）	Path a	Path b	Path c
神经质	5.674	0.906	0.888	0.070（0.063 ～ 0.074）	–0.28***	–0.30***	0.40***
尽责性	5.893	0.904	0.887	0.072（0.064 ～ 0.075）	0.71***	–0.42***	0.003
外向性	6.74	0.887	0.870	0.078（0.070 ～ 0.082）	0.69***	–0.37***	–0.07
开放性	6.680	0.891	0.874	0.077（0.069 ～ 0.081）	0.68***	–0.47***	0.08
宜人性	7.144	0.875	0.858	0.080（0.072 ～ 0.084）	0.51***	–0.41***	–0.007

注　***p<0.001。

总之，大学生的高活力可以减轻其抑郁症状，假设 3 得到部分验证。大学生的活力在其神经质与抑郁症状之间起部分中介作用，在其尽责性、外向性、开放性与抑郁症状之间起完全中介作用；在其宜人性与抑郁症状之间的中介作用是否显著结果不一，需要进一步验证，假设 4 得到部分验证。

5．活力在人格与焦虑症状之间的中介作用

本研究以大学生的“大五人格”为预测变量，大学生“活力”为中介变量，大学生的焦虑症状为结果变量。结果如下：

大学生的神经质显著负向预测其活力（$a=-0.880^{**}$，$SE=0.082$，$p<0.001$），大学生活力显著负向预测其焦虑症状（$b=-0.042^{**}$，$SE=0.009$，$p<0.001$），大学生的神经质对其焦虑症状的直接效应显著（$c'=0.301^{**}$，$SE=0.025$，$p<0.001$）。Bootstrap 结果显示，大学生活力在神经质与焦虑症状之间的部分中介效应显著（$ab=0.037$），95% 的置信区间为［0.016 ～ 0.076］，中介效应占总效应的比例 ab /（$ab+c'$）=10.92%，即在“神经质—活力—焦虑症状”的结构模型中，大学生的神经质既可以直接增强其焦虑症状，又可以通过削弱其活力来增强其焦虑症状。

大学生的尽责性显著正向预测其活力（$a=1.131^{**}$，$SE=0.138$，$p<0.001$），大学生活力显著负向预测其焦虑症状（$b=-0.042^{**}$，$SE=0.009$，<0.001），大学生的尽责性对其焦虑症状的直接效应不显著（$c'=-0.029$，$SE=0.041$，$p=0.484$）。Bootstrap 结果显示，大学生活力在尽责性与焦虑症状之间的完全中介效应显著（$ab=-0.048$），95% 的置信区间为［-0.100 ～ -0.018］，即在“尽责性—活力—焦虑症状”的结构模型中，大学生的尽责性可以完全通过增强其活力来减轻自己的焦虑症状。

大学生开放性显著正向预测其活力（$a=0.822^{**}$，$SE=0.142$，$p<0.001$），大学生活力显著负向预测其焦虑症状（$b=-0.042^{**}$，$SE=0.009$，$p<0.001$），大学生的开放性对其焦虑症状的直接效应不显著（$c'=-0.060$，$SE=0.042$，$p=0.155$）。Bootstrap 结果显示，大学生活力在开放性与焦虑症状之间的完全中介效应显著（$ab=-0.035$），95% 的置信区间为［-0.070 ～ -0.013］，即在“开放性—活力—焦虑症状”的结构模型中，大学生的开放性可以完全通过增强其活力来减轻自己的焦虑症状。

大学生外向性显著正向预测其活力（$a=1.099^{**}$，$SE=0.138$，$p<0.001$），大学生活力显著负向预测其焦虑症状（$b=-0.042^{**}$，$SE=0.009$，$p<0.001$），大学生的外向性对其焦虑症状的直接效应不显著（$c'=0.021$，$SE=0.041$，$p=0.614$）。Bootstrap 结果显示，大学生活力在外向性与焦虑症状之间的完全中介效应显著（$ab=-0.046$），95% 的置信区间为［-0.087 ～ -0.017］，即在“外向性—活力—

焦虑症状”的结构模型中，大学生的外向性可以通过增强其活力来减轻自己的焦虑症状。

大学生的宜人性正向预测活力不显著（a=0.59，SE=0.122，p=0.629），大学生活力显著负向预测其焦虑症状（b=−0.042**，SE=0.009，p<0.001），大学生的宜人性对其焦虑症状的直接效应不显著（c'=−0.029，SE=0.035，p=0.411）。Bootstrap 结果显示，大学生活力在宜人性与焦虑症状之间的中介效应不显著（ab=−0.002），95% 的置信区间为［−0.013 ～ 0.010］。即在“宜人性—活力—焦虑症状”的结构模型中，大学生的宜人性对其焦虑症状影响不大。

为了验证上述结果的可靠性，本研究采用潜变量结构方程模型检验中介效应，与回归分析的结果基本一致（表 7-7），证明了本研究结果的稳定性。

表 7-7　大学生活力在大五人格与焦虑症状间的中介模型拟合指数

Model	χ^2/df	CFI	NFI	RMSEA（90%*CI*）	Path *a*	Path *b*	Path *c*
神经质	5.381	0.919	0.903	0.068（0.064 ～ 0.071）	−0.28***	−0.27***	0.33***
尽责性	5.482	0.920	0.905	0.069（0.065 ～ 0.072）	0.71***	−0.34***	−0.03
外向性	6.597	0.900	0.884	0.077（0.069 ～ 0.080）	0.69***	−0.34***	−0.03
开放性	6.38	0.906	0.891	0.075（0.067 ～ 0.079）	0.69***	−0.36***	0.003
宜人性	7.141	0.886	0.870	0.080（0.072 ～ 0.084）	0.51***	−0.32***	−0.08

注　***p<0.001。

总之，大学生的高活力可以减轻其焦虑症状，假设 3 得到部分验证。大学生的活力在其神经质与焦虑症状间起部分中介作用，在其尽责性、外向性、开放性与焦虑症状之间起完全中介作用，在其宜人性与焦虑症状之间是否起中介作用结果不一，需要进一步验证，假设 4 得到部分验证。

6. 活力在人格与敌对症状之间的中介作用

本研究以大学生的“大五人格”为预测变量，大学生“活力”为中介变量，大学生的敌对症状为结果变量。结果如下：

大学生的神经质显著负向预测其活力（a=−0.880**，SE=0.082，p<0.001），大学生活力显著负向预测其敌对症状（b=−0.023**，SE=0.006，p<0.001），大学生的神经质对其敌对症状的直接效应显著（c'=0.130**，SE=0.015，p<0.001）。Bootstrap 结果显示，大学生活力在神经质与敌对症状之间的部分中介效应显著（ab=0.020），95% 的置信区间为［0.011 ～ 0.074］，中介效应占总效应的比例

ab /（*ab*+*c*′）=13.40%，即在“神经质—活力—敌对症状”的结构模型中，大学生的神经质既可以直接增强其敌对症状，又可以通过削弱其活力来影响自己的敌对症状。

大学生的尽责性显著正向预测其活力（a=1.131**，SE=0.138，p<0.001），大学生活力显著负向预测其敌对症状（b=−0.023**，SE=0.006，p< 0.001），大学生的尽责性对其敌对症状的直接效应显著（c'=−0.080**，SE=0.025，p=0.001）。Bootstrap 结果显示，大学生活力在尽责性与敌对症状之间的部分中介效应显著（ab=−0.026），95% 的置信区间为［−0.097 ～ −0.012］，中介效应占总效应的比例 *ab* /（*ab*+*c*′）=24.34%，即在“尽责性—活力—敌对症状”的结构模型中，大学生的尽责性既可以直接缓解其敌对症状，又可以通过增强其活力来缓解自己的敌对症状。

大学生开放性显著正向预测其活力（a=0.822**，SE=0.142，p<0.001），大学生活力显著负向预测其敌对症状（b=−0.023**，SE=0.006，p<0.001），大学生的开放性对其敌对症状的直接效应不显著（c'=0.009，SE=0.025，p=0.717）。Bootstrap 结果显示，大学生活力在开放性与敌对症状之间的完全中介效应显著（ab=−0.019），95% 的置信区间为［−0.070 ～ −0.009］，即在“开放性—活力—敌对症状”的结构模型中，大学生的开放性可以完全通过增强其活力来减轻自己的敌对症状。

大学生外向性显著正向预测其活力（a=1.099**，SE=0.138，p<0.001），大学生活力显著负向预测其敌对症状（b=−0.023**，SE=0.006，p<0.001），大学生的外向性对其敌对症状的直接效应显著（c'=0.064**，SE=0.025，p=0.009）。Bootstrap 结果显示，大学生活力在外向性与敌对症状之间的遮掩效应显著（ab=−0.025），95% 的置信区间为［−0.086 ～ −0.011］，遮掩效应占直接效应的比例 *ab* / *c*′=38.891%，即在“外向性—活力—敌对症状”的结构模型中，大学生的外向性既可以直接增强其敌对症状，又可以通过增强其活力来减轻自己的敌对症状。

大学生的宜人性正向预测活力不显著（a=0.59，SE=0.122，p=0.629），大学生活力显著负向预测其敌对症状（b=−0.023**，SE=0.006，p<0.001），大学生的宜人性对其敌对虑症状的直接效应显著（c'=−0.051*，SE=0.021，p=0.016）。Bootstrap 结果显示，大学生活力在宜人性与敌对症状之间的中介效应不显著（ab=−0.001），95% 的置信区间为［−0.012 ～ 0.010］。即在“宜人性—活力—敌对症状”的结构模型中，大学生的宜人性直接缓解其敌对症状。

为了验证上述结果的可靠性，本研究采用潜变量结构方程模型检验中介效应，与回归分析的结果基本一致（表 7-8），证明了本研究结果的稳定性。

表 7-8　大学生活力在大五人格与敌对症状间的中介模型拟合指数

Model	χ^2/df	CFI	NFI	RMSEA（90%*CI*）	Path *a*	Path *b*	Path *c*
神经质	5.629	0.927	0.912	0.070（0.066 ～ 0.074）	-0.28^{***}	-0.25^{***}	0.22^{***}
尽责性	5.694	0.929	0.916	0.070（0.066 ～ 0.074）	0.71^{***}	-0.21^{***}	-0.14^{*}
外向性	7.444	0.902	0.888	0.082（0.078 ～ 0.086）	0.69^{***}	-0.37^{***}	0.08
开放性	7.190	0.909	0.896	0.081（0.077 ～ 0.085）	0.68^{***}	-0.31^{***}	0.005
宜人性	8.132	0.886	0.873	0.087（0.056 ～ 0.091）	0.51^{***}	-0.22^{***}	-0.19^{***}

注　$^*p<0.05$，$^{***}p<0.001$。

总之，大学生的高活力可以减轻其敌对症状，假设 3 得到部分验证。大学生的活力在其神经质、尽责性、外向性与敌对症状之间起部分中介作用，但在外向性与敌对性之间的遮掩效应显著，用潜变量结构方程模型检验中介效应发现，活力在外向性与敌对症状之间又起完全中介作用；在其开放性与敌对症状之间起完全中介作用；在其宜人性与敌对症状之间的中介作用是否显著结果不一，需要进一步检验，假设 4 得到部分验证。

7. 活力在人格与恐怖症状之间的中介作用

本研究以大学生的“大五人格”为预测变量，大学生“活力”为中介变量，大学生的恐怖症状为结果变量。结果如下：

大学生的神经质显著负向预测其活力（$a=-0.880^{**}$，$SE=0.082$，$p<0.001$），大学生活力显著负向预测恐怖症状（$b=-0.025^{**}$，$SE=0.007$，$p<0.001$），大学生的神经质对其恐怖症状的直接效应显著（$c'=0.169^{**}$，$SE=0.018$，$p<0.001$）。Bootstrap 结果显示，大学生活力在神经质与恐怖症状之间的部分中介效应显著（$ab=0.022$），95% 的置信区间为［0.008 ～ 0.075］，中介效应占总效应的比例 $ab/(ab+c')=11.59\%$，即在“神经质—活力—恐怖症状”的结构模型中，大学生的神经质既可以直接增强其恐怖症状，又可以通过削弱其活力来增强其恐怖症状。

大学生的尽责性显著正向预测其活力（$a=1.131^{**}$，$SE=0.138$，$p<0.001$），大学生活力显著负向预测其恐怖症状（$b=-0.025^{**}$，$SE=0.007$，$p<0.001$），大学生的尽责性对其恐怖症状的直接效应不显著（$c'=-0.039$，$SE=0.029$，$p=0.178$）。Bootstrap 结果显示，大学生活力在尽责性与恐怖症状之间的完全中介效应显著（$ab=-0.029$），95% 的置信区间为［-0.097 ～ -0.009］，即在“尽责性—活力—

恐怖症状”的结构模型中，大学生的尽责性可以完全通过增强其活力来减轻其恐怖症状。

大学生开放性显著正向预测其活力（a=0.822**，SE=0.142，p<0.001），大学生活力显著负向预测其恐怖症状（b=–0.025*，SE=0.007，p<0.001），大学生的开放性对其恐怖症状的直接效应不显著（c'=–0.031，SE=0.030，p=0.297）。Bootstrap 结果显示，大学生活力在开放性与恐怖症状之间的完全中介效应显著（ab=–0.021），95% 的置信区间为［–0.066 ～ –0.007］，即在“开放性—活力—恐怖症状”的结构模型中，大学生的开放性可以完全通过增强其活力来减轻自己的恐怖症状。

大学生外向性显著正向预测其活力（a=1.099**，SE=0.138，p<0.001），大学生活力显著负向预测其恐怖症状（b=–0.025**，SE=0.007，p<0.001），大学生的外向性对其恐怖症状的直接效应不显著（c'=0.006，SE=0.029，p=0.842）。Bootstrap 结果显示，大学生活力在外向性与恐怖症状之间的完全中介效应显著（ab=–0.028），95% 的置信区间为［–0.083 ～ –0.009］，即在“外向性—活力—恐怖症状”的结构模型中，大学生的外向性可以完全通过增强其活力来减轻自己的恐怖症状。

大学生的宜人性正向预测活力不显著（a=059，SE=0.122，p=0.629），大学生活力显著负向预测其恐怖症状（b=–0.025**，SE=0.007，p<0.001），大学生的宜人性对其恐怖症状的直接效应不显著（c'=–0.036，SE=0.025，p=0.147）。Bootstrap 结果显示，大学生活力在宜人性与恐怖症状之间的中介效应不显著（ab=–0.001），95% 的置信区间为［–0.012 ～ 0.009］。即在“宜人性—活力—恐怖症状”的结构模型中，大学生的宜人性对其恐怖症状的影响不大。

为了验证上述结果的可靠性，本研究采用潜变量结构方程模型检验中介效应，与回归分析的结果基本一致（表 7–9），证明了本研究结果的稳定性。

表 7–9 大学生活力在大五人格与恐怖症状间的中介模型拟合指数

Model	χ^2/df	CFI	NFI	RMSEA（90%*CI*）	Path *a*	Path *b*	Path *c*
神经质	4.835	0.933	0.917	0.064（0.060 ～ 0.067）	–0.28***	–0.28***	0.29***
尽责性	5.241	0.930	0.915	0.067（0.063 ～ 0.071）	0.71***	–0.29***	–0.09
外向性	6.836	0.902	0.888	0.078（0.074 ～ 0.082）	0.69***	–0.28***	–0.11*
开放性	6.527	0.910	0.896	0.076（0.072 ～ 0.080）	0.68***	–0.34***	–0.03
宜人性	7.423	0.887	0.872	0.082（0.065 ～ 0.086）	0.51***	–0.29***	–0.13**

注 *p<0.05，**p<0.01，***p<0.001。

总之，大学生的高活力可以减轻其恐怖症状，假设3得到部分验证。大学生的活力在其神经质与恐怖症状之间起部分中介作用；在其尽责性、开放性、外向性与恐怖症状之间起完全中介作用；在其宜人性与恐怖症状之间的中介作用是否显著结果不一，需要进一步检验。此外，宜人性对活力的直接正向影响、对恐怖症状的直接负向影响是否显著结果不一，需要进一步检验。

8. 活力在人格与偏执症状之间的中介作用

本研究以大学生的“大五人格”为预测变量，大学生“活力”为中介变量，大学生的偏执症状为结果变量。结果如下：

大学生的神经质显著负向预测其活力（a=−0.880**，SE=0.082，p<0.001），大学生活力显著负向预测其偏执症状（b=−0.024**，SE=0.006，p<0.001），大学生的神经质对其偏执症状的直接效应显著（c'=0.129**，SE=0.015，p<0.001）。Bootstrap结果显示，大学生活力在神经质与偏执症状之间的部分中介效应显著（ab=0.021），95%的置信区间为［0.014 ～ 0.080］，中介效应占总效应的比例ab /（ab+c'）=14.06%，即在“神经质—活力—偏执症状”的结构模型中，大学生的神经质既可以增强其偏执症状，又可以通过削弱其活力来增强自己的偏执症状。

大学生的尽责性显著正向预测其活力（a=1.131**，SE=0.138，p<0.001），大学生活力显著负向预测其偏执症状（b=−0.024**，SE=0.006，p< 0.001），大学生的尽责性对其偏执症状的直接效应不显著（c'=−0.023，SE=0.024，p=0.338）。Bootstrap结果显示，大学生活力在尽责性与偏执症状之间的完全中介效应显著（ab=−0.027），95%的置信区间为［−0.108 ～ −0.015］，即在“尽责性—活力—偏执症状”的结构模型中，大学生的尽责性可以完全通过增强其活力来减轻自己的偏执症状。

大学生开放性显著正向预测其活力（a=0.822**，SE=0.142，p<0.001），大学生活力显著负向预测其偏执症状（b=−0.024**，SE=0.006，p<0.001），大学生的开放性对其偏执症状的直接效应不显著（c'=−0.013，SE=0.025，p=0.599）。Bootstrap结果显示，大学生活力在开放性与偏执症状之间的完全中介效应显著（ab=−0.020），95%的置信区间为［−0.073 ～ −0.012］，即在“开放性—活力—偏执症状”的结构模型中，大学生的开放性可以完全通过增强其活力来减轻自己的偏执症状。

大学生外向性显著正向预测其活力（a=1.099**，SE=0.138，p<0.001），大学生活力显著负向预测其偏执症状（b=−0.024**，SE=0.006，p<0.001），大学

生的外向性对其偏执症状的直接效应显著（c'=0.059*，*SE*=0.024，*p*=0.015）。Bootstrap 结果显示，大学生活力在外向性与偏执症状之间的遮掩效应显著（*ab*=−0.026），95% 的置信区间为［−0.092 ～ −0.014］，遮掩效应占直接效应的比例 ab / c'=44.787%。即在“外向性—活力—偏执症状”的结构模型中，大学生的外向性既可以直接正向影响其偏执症状，又可以通过增强其活力来抵消外向性对其偏执症状的一部分正向影响。

大学生的宜人性正向预测活力不显著（*a*=0.59，*SE*=0.122，*p*=0.629），大学生活力显著负向预测其偏执症状（*b*=−0.024**，*SE*=0.006，*p*<0.001），大学生的宜人性对其偏执症状的直接效应显著（c'=−0.081**，*SE*=0.021，*p*=0.000）。Bootstrap 结果显示，大学生活力在宜人性与偏执症状之间的中介效应不显著（*ab*=−0.001），95% 的置信区间为［−0.013 ～ 0.010］。即在“宜人性—活力—偏执症状”的结构模型中，大学生的宜人性可以直接缓解其偏执症状。

为了验证上述结果的可靠性，本研究采用潜变量结构方程模型检验中介效应，与回归分析的结果基本一致（表 7–10），证明了本研究结果的稳定性。

表 7–10　大学生活力在大五人格与偏执症状间的中介模型拟合指数

Model	χ^2/df	CFI	NFI	RMSEA（90%*CI*）	Path *a*	Path *b*	Path *c*
神经质	4.447	0.942	0.927	0.060（0.056 ～ 0.064）	−0.28***	−0.25***	0.28***
尽责性	4.918	0.938	0.923	0.064（0.060 ～ 0.068）	0.71***	−0.28***	−0.07
外向性	6.477	0.912	0.898	0.076（0.072 ～ 0.080）	0.69***	−0.35***	0.04
开放性	6.259	0.918	0.905	0.074（0.070 ～ 0.078）	0.68***	−0.33***	0.02
宜人性	7.663	0.888	0.874	0.084（0.080 ～ 0.088）	0.51***	−0.23***	−0.19***

注　****p*<0.001。

总之，大学生的高活力可以减轻其偏执症状，假设 3 得到验证。大学生的活力在其神经质、外向性与偏执症状之间起部分中介作用，不过活力在外向性与偏执症状之间的遮掩效应显著，采用潜变量结构方程模型检验中介效应发现，活力又在外向性与偏执症状之间起完全中介作用；在其尽责性、开放性与偏执症状之间起完全中介作用；在其宜人性与偏执症状之间中介作用是否显著结果不一，需要进一步检验。

9．活力在人格与精神病性之间的中介作用

本研究以大学生的“大五人格”为预测变量，大学生“活力”为中介变量，大学生的精神病性为结果变量。结果如下：

大学生的神经质显著负向预测其活力（$a=-0.880^{**}$，$SE=0.082$，$p<0.001$）；大学生活力显著负向预测其精神病性（$b=-0.003^{**}$，$SE=0.001$，$p<0.001$），大学生的神经质对其精神病性的直接效应显著（$c'=0.019^{**}$，$SE=0.002$，$p<0.001$）。Bootstrap 结果显示，大学生活力在神经质与精神病性之间的部分中介效应显著（$ab=0.003$），95% 的置信区间为［0.015 ～ 0.080］，中介效应占总效应的比例 $ab/(ab+c')=12.96\%$，即在“神经质—活力—精神病性”的结构模型中，大学生的神经质可以正向影响其精神病性，又通过削弱其活力来正向影响自己的精神病性。

大学生的尽责性显著正向预测其活力（$a=1.131^{**}$，$SE=0.138$，$p<0.001$），大学生活力显著负向预测其精神病性（$b=-0.003^{**}$，$SE=0.001$，$p<0.001$），大学生的尽责性对其精神病性的直接效应不显著（$c'=-0.006$，$SE=0.003$，$p=0.050$）。Bootstrap 结果显示，大学生活力在尽责性与精神病性之间的完全中介效应显著（$ab=-0.004$），95% 的置信区间为［-0.102 ～ -0.016］，即在“尽责性—活力—精神病性”的结构模型中，大学生的尽责性可以完全通过增强其活力来减轻自己的精神病性。

大学生开放性显著正向预测其活力（$a=0.822^{**}$，$SE=0.142$，$p<0.001$），大学生活力显著负向预测其精神病性（$b=-0.003^{**}$，$SE=0.001$，$p<0.001$），大学生的开放性对其精神病性的直接效应不显著（$c'=-0.002$，$SE=0.003$，$p=0.519$）。Bootstrap 结果显示，大学生活力在开放性与精神病性之间的完全中介效应显著（$ab=-0.003$），95% 的置信区间为［-0.072 ～ -0.012］，即在“开放性—活力—精神病性”的结构模型中，大学生的开放性可以完全通过增强其活力来减轻自己的精神病性。

大学生外向性显著正向预测其活力（$a=1.099^{**}$，$SE=0.138$，$p<0.001$），大学生活力显著负向预测其精神病性（$b=-0.003^{**}$，$SE=0.001$，$p<0.001$），大学生的外向性对其精神病性的直接效应不显著（$c'=0.005$，$SE=0.003$，$p=0.104$）。Bootstrap 结果显示，大学生活力在外向性与恐怖症状之间的完全中介效应显著（$ab=-0.004$），95% 的置信区间为［-0.091 ～ -0.016］，即在“外向性—活力—精神病性”的结构模型中，大学生的外向性可以通过增强其活力来减轻自己的精神病性。

大学生的宜人性正向预测活力不显著（$a=059$，$SE=0.122$，$p=0.629$），大学生活力显著负向预测其精神病性（$b=-0.003^{**}$，$SE=0.006$，$p<0.001$），大学生的宜人

性对其精神病性的直接效应不显著（c'=−0.002，SE=0.003，p=0.379）。Bootstrap 结果显示，大学生活力在宜人性与精神病性之间的中介效应不显著（ab=−0.000），95% 的置信区间为［−0.013 ～ 0.010］。即在“神经质—活力—精神病性”的结构模型中，大学生的宜人性对其精神病性的影响不大。

为了验证上述结果的可靠性，本研究采用潜变量结构方程模型检验中介效应，与回归分析的结果基本一致（表 7–11），证明了本研究结果的稳定性。

表 7–11　大学生活力在大五人格与精神病性间的中介模型拟合指数

Model	χ^2/df	CFI	NFI	RMSEA（90%*CI*）	Path *a*	Path *b*	Path *c*
神经质	4.132	0.941	0.924	0.057（0.054 ～ 0.061）	−0.28***	−0.26***	0.32***
尽责性	4.557	0.937	0.920	0.061（0.057 ～ 0.065）	0.71***	−0.30***	−0.06
外向性	5.952	0.911	0.895	0.072（0.068 ～ 0.076）	0.69***	−0.35***	0.001
开放性	5.803	0.916	0.901	0.071（0.067 ～ 0.075）	0.68***	−0.37***	0.04
宜人性	6.656	0.894	0.877	0.077（0.073 ～ 0.081）	0.51***	−0.31***	−0.08

注　***p<0.001。

总之，大学生的高活力可以减轻其精神病性，假设 3 得到部分验证。大学生的活力在其神经质与精神病性之间起部分中介作用；在其尽责性、开放性、外向性之间起完全中介作用；在其宜人性与精神病性之间中介作用是否显著结果不一，需要进一步检验。

四、讨论

本研究基于健全人格理论，从积极心理品质的视角，考察了大学生人格与活力、心理健康的关系以及活力在其人格与心理症状间的中介作用。研究发现大学生不同人格特质对其活力、心理健康的影响不同，而且人格特质与活力的交互作用可以有效缓解大学生的心理症状。

（一）大学生大五人格对其心理症状的影响

本研究发现，大学生神经质是正向预测大学生心理症状的关键指标，特别是对抑郁状态的预测作用最大（张文悦等，2015）。高神经质的大学生更有可能出现心理症状，这不仅与高神经质的典型特征有关，如高神经质的大学生常表现出焦虑、心烦意乱、压抑、敏感、冲动、脆弱等特征，更易产生负面情绪，获得不愉快的体验（邵晓顺，2005）；而且还与高神经质的大学生从挫折中恢复的能力或应对困境的能力较弱（聂衍刚等，2010），情感调节能力差，常采取不成熟的防御机制（天瑞琪等，2013）等有关，时常身处不良的情绪状态中。

大学生的尽责性、开放性、外向性、宜人性均与其躯体化、强迫、人际关系敏感、抑郁、焦虑、敌对、恐怖、偏执、精神病性等心理症状显著负向相关，这与全宏艳等的研究结果基本一致。这可能是因为具有尽责性、开放性、外向性、宜人性等人格特质的大学生具有更正向的心理资源、更成熟的心理防御机制、可能获得更多的幸福感体验，这成为其应对心理危机的重要资源，对大学生的心理健康有重要的保护作用。

在“人格—活力—心理健康”的结构模型中，采用潜变量结构方程模型检验，进一步的直接效应分析表明：①大学生的尽责性对其强迫、敌对的负向预测作用显著，对其他心理症状预测作用不显著，可见大学生尽责性是负向显著预测其强迫症状、敌对症状的关键指标。一般而言，高尽责性的大学生常具有胜任、公正、条理、尽职、成就、自律、谨慎、克制等特质，正面表现为有能力、有责任心、做事有条理、有计划。由此具有强迫、敌对症状的可能性更低。②大学生的开放性对所有心理症状的预测作用均不显著，它对其心理症状的影响有限，这与周世军等的研究结果一致。③由于活力的调节作用，大学生的外向性对其敌对、偏执的影响变为正向预测显著，对其他心理症状的预测作用不显著。可见，大学生的外向性是正向预测其敌对症状、偏执症状的关键指标。一般而言，高外向性的大学生具有热情、果断、活跃、冒险、乐观等人格特质，正面表现为好交际、有活力、好刺激、感情丰富等特点，有较强的独立意识、自我意识，喜欢在为人处事时的起主导作用，遇事有可能出现不理智、急躁、任性等，因为更易出现敌对和偏执。④大学生的宜人性对其躯体化、偏执、敌对负向预测显著，对其他心理症状预测作用不显著，可见大学生的宜人性是负向预测其躯体化、偏执、敌对等心理症状的关键指标。一般而言，高宜人性的大学生具有信任、直率、利他、依从、谦虚、移情等特质，正面表现为乐于助人、信任他人和富有同情心，注重合作而不强调竞争等特点，为人处事时善于换位思考，对人对事比较宽容。因此，他们出现躯体化、偏执、敌对等心理症状的可能性更低。

（二）大学生活力在其大五人格与心理症状间的中介作用

在“人格—活力—心理健康”的结构模型中，对活力的中介效应分析显示，大学生活力在其神经质、尽责性、外向性、开放性与躯体化、强迫、人际关系敏感、抑郁、焦虑、敌对、恐怖、偏执、精神病性等心理症状之间起完全或部分中介作用；在其宜人性与躯体化、强迫、人际关系敏感、抑郁、焦虑、敌对、恐怖、偏执、精神病性等心理症状之间不起中介作用。再结合它们两两之间的相关关系和采用潜变量结构方程模型检验的验证结果，发现大学生的神经质可以降低其活力来正向影响上述心理症状，而大学生的尽责性、外向性、开放性可以增强其活力来有效缓解上述心理症状（大学生的宜人性是否可以通过增强活力来缓解上述心理症状有待进一步验证）。这可能与活力作为性格优势、主观幸福感的重要构成要素间接影响着心理健康有关。如李婷婷等研究发现性格优势可以缓冲心理应激对心理健康带来的消极影响，其人际关系、生命活力、谨慎小心三个子维度均与心理健康状况呈显著负相关；简言之，具有更高水平的活力优势的个体会感知到更低程度来自未来发展方面的压力，同时产生的心理不适症状也较少。Peterson（2006）认为性格优势与心理健康显著正相关，与青少年的某些常见问题，如抑郁、青少年犯罪和暴力行为等显著负相关（Peterson et al，2006）。王登峰和崔红发现包含活力因子的外向性是心理健康的“促进者”。李婷婷等研究发现中职生的人际优势、活力优势和节制优势均与心理症状总分（SCL-90）显著负相关。同时，活力也是构成主观幸福感的重要维度，而幸福感常作为心理健康症状的负面指标或评价工具。如苗元江认为生命活力是生命旺盛、能量充盈的展现，它是个体心理健康与心理功能完善状态重要特征之一，同时也是幸福感的必要构成要素。董浩研究发现员工工作投入的活力维度对其心理幸福感维度有显著的预测作用。不过，目前学界对于活力和身心健康之间关系的生理途径特性所知甚少，其中的一种有关生理途径的解释是把活力和免疫系统结合起来（Ryff & Singer，2002）。

五、结论

本研究得到如下结论：

第一，大学生人格特质与其心理症状密切相关，其中神经质是正向预测各类心理症状的关键核心指标；尽责性是负向预测其强迫症状、敌对症状的关键指标；外向性是正向预测其敌对症状、偏执症状的关键指标；宜人性是负向预测其躯体化、偏执、敌对等心理症状的关键指标。

第二，大学生活力可以有效缓解其心理症状。

第三，大学生活力在其人格特质与心理症状之间主要起完全中介作用。

第八章　创新活力研究进展述评

目前中国正处于加速推进现代化和实现中华民族伟大复兴的历史进程中，双创的新时代背景，让创新与活力在当代突显出更加深远的意义，上升为现时代的主题，成为新时代的关键词。党的十六届六中全会通过《中共中央关于构建社会主义和谐社会若干重大问题的决定》，提出要按照“充满活力”的要求构建和谐社会，增强全社会创造活力，形成万众一心共创伟业的生动局面。党的十七大报告中提出充满活力是构建社会主义和谐社会的总要求之一，要增强党的创新活力，激发各类人才的创造活力，尊重人民主体地位，发挥人民首创精神。习近平总书记在中央全面深化改革领导小组会议上强调：要聚集改革资源，激发创新活力。党的历次重大会议关于创新与活力的解读，表明激发创新活力已经上升为国家发展战略层面，并备受关注。它既是推动社会发展的逻辑必然，也是实现中国梦与构筑和谐幸福小康社会的本质要求。我们所追求的社会，是一个充满生活乐趣和希望，具有创造活力的社会，正是人们充满创造性的活力构建着我们如此丰富多彩的生活。没有创新活力，就没有超越与突破，整个社会的生产生活就会在低水平的重复与循环，也根本上没有社会的进步与发展。

目前国内外专门对创新活力的研究较少，从研究内容看，主要集中在创新活力的概念、创新活力的测评、创新活力影响因素和创新活力的激发等四个方面；从研究对象看，创新活力的研究涉及城市创新活力、企业创新活力、团队创新活力和个体创新活力；从研究方法上，以理论思辨为主，个别采用实证的方法。总之，当前关于创新活力的研究还比较零散，缺乏系统性，正处于起步阶段。

一、创新活力概念的分析

（一）活力的概念

当前学界对活力的理解主要有生态系统学、生物化学、心理学三种视角，其中以心理学视角的解读为主。生态系统学认为活力是“生态系统的能量输入和物质循环，能量输入越多，物质循环越快，活力就越高”（徐长春，杨雄年，2018）。生物化学认为活力是“表示酶、细胞等的促进反应的能力，或是表示它们的有效浓度”（钟广蓉，时国庆，王海鸥等，2010）。心理学对活力的解读大致分为四类：其一，活力是高能量状态（Ryan & Frederick，1997；宋洪波，符明秋等，015）；其二，活力表现为精力充沛，积极向上，生机勃勃的精神或情感状态（Shirom，2007；Barbic et al，2015）；其三，活力是一种特质，是优势性格、理想人格和美德的重要组成部分（王振勇，黄希庭，支富华，2002；Peterson & Seligman，2004；Brdar et al，2010；Toner et al，2012）；其四，活力是事物生存与发展的推动力，具有鲜明的动力特性（董慧，欧阳康，2008）。而且，对活力的理解包含了认知成分（如认知活力）、情绪情感成分（如情绪能量、情绪活力）、意志成分（如坚持不懈）和行为成分（行动有力）。

综上所述，活力是一种积极的高反应状态，是对个体或群体在成长与发展过程中所具有的积极向上、生机勃勃的持续发展状态的反映，主要包括认知活力、情绪活力和行为活力等层次和维度。

（二）创新的概念

从词源看，创新是动词，意指创造、革新（《现代汉语褒贬用法词典》，1992）。一般而言，创新是指“人类在认识、适应和改造自然的实践过程中获得新知识、新方法、新技术、新产品的过程与结果”，具有实践性（提供创新行为的动力，塑造着创新能力）、超越性（对传统破坏与超越）、不确定性（诸多要素交互作用，充满风险）、稀缺性（难度大，概率低）、价值性（满足社会与个人发展需要）五大显著特征（《伦理学大辞典》，2012）。在社会经济领域，创新（Innovation）最早由熊彼特（1912）在其《经济发展理论》中提出，意指建立一种生产函数，将新的生产要素与生产条件的“新组合”引入生产体系，具体包括“采用一种新产品、采用一种新的生产方法、开辟一个新的市场、控制原材料或半制成品的一种新的供应来源和实现任何一种工业的新的组织”五种情况（《市场经济学大辞典》，1999）。

20世纪中期以后，对创新有了更广义的理解，创新逐渐包括技术创新、知识创新、制度创新、社会创新、产品创新、科技创新等。比如Dosi（1988）认为创新是一种对新产品、新的生产工序或者新的组织构建的探索、发现、试验、发展、模仿和采用的过程。West等（1990）将“创新”定义为“在个体，群体，组织或广泛的社会中，有目的地提出和应用新想法、新程序、新产品及新流程”，并将创新分为两个阶段：第一阶段创意（新想法，新产品、新服务）的提出，即创造力；第二阶段创意的实施与应用，即提出的新想法、新产品、新服务应用到工作中（West 2002）。Kleysen 和 Street（2001）在回顾了 28 篇有关创新和创造力的文献后，对 289 项创新活动进行总结得出创新的五个维度：机会探索、产生、调查、支持和应用。

（三）创新活力的概念

1．相关概念辨析

（1）创新活力与创新能力

创新活力与创新能力既关联又不同。不同处为二者内涵有质的差异，创新活力是在创新活动中表现出来的一种创新的成效与状态，是主体达到一定目标、实现创新发展的必要条件及推动力量，具有动态性和未来指向性；创新能力是一种个性心理特征，是顺利实现创新活动的心理条件，是对个体掌握的完成创新活动必需的知识、技能和熟练程度的描述，侧重素质高低，具有现实性和静态性。关联处为二者可以互为因果、互相带动，创新能力是创新活力的基础和保障，创新能力的提高会带来创新活力的增强，而创新活力是能力的释放与体现，也是决定未来创新能力提高的重要支撑。不过，有时创新能力因受限于内外部条件的限制而不能发挥出来，就不能释放为创新活力；而创新活力因创新主体的知识基础不厚、创新素质不强，有时表现不出多高的创新能力。

（2）创新活力与创新动力

动力是机械力学上的核心概念，意指使机械作功的各种作用力，泛指事物运动与发展的推动力；在社会发展中，动力是推动社会变化和发展的力量，与“阻力”相对应。活力在对生命问题的追问与探寻中产生，活力是生物科学史上对生命现象解释时产生的重要概念，最普遍的含义是旺盛的生命力；在社会发展领域，活力是支撑人类社会有机系统生存与发展的生命力。由此，创新活力与创新动力也不同，创新动力是促使创新主体产生创新欲望与要求，并进行创新活动的一系列因素和条件，而创新活力更多的是创新主体创新状态与成效的描述。

（3）创新活力与创新气氛

气氛是组织行为学中的核心概念，意指一定环境中给人某种强烈感觉的精神表现或景象，或者是个体对周围环境的意义建构。创新气氛是个体对影响其创新能力发挥的工作环境的感知，是对工作环境中创新元素的主观认知和知觉体验，它关注的是影响创新能力发挥的外部工作环境。而创新活力是对创新主体自身创新状态的综合反映，它关注的是创新主体自身的创新状态。因此，创新活力与创新气氛不同。不过，创新气氛对创新活力产生重要的积极影响是创新活力产生的重要前因变量。

2. 创新活力概念的已有研究分析

目前直接尝试对创新活力内涵进行界定者很少，大多数是对特定主体创新活力的理解，目前主要有企业创新活力、个体创新活力、城市创新活力以及更微观的技术创新活力四类。

（1）企业创新活力

对企业创新活力的理解主要有状态论和成果论两种类型。状态论认为企业创新活力是企业创新活跃程度或者各因素综合状态的描述，比如丰红星（2013）认为创新活力是对企业创新情绪、认知和体能方面综合状态的描述，具体表现为对企业创新欲望和态度、创新行为的活跃程度与持续度、创新行为对环境的适度和影响度的综合评价，可以催化和激发企业持续创新。张军（2004）认为企业具有的活跃的创新思想、持续的创新活动，以及企业对认识、均衡创新所带来的长短期利益，即创新活力。苏越良，徐禾芳（2005）认为企业技术创新活力指企业技术创新的活跃程度，将创新投入（人力、物力、财力）、创新产出、创新收益的动态值作为创新活力的指标，描述创新活力的程度。姚禄仕，丁东（2012）认为应将绩效考核与能力考核紧密结合起来，全面客观地反映企业创新活动的整体水平与综合效益。吴建南等（2017）认为企业创新活力是指企业创新活跃程度，并以企业从事“内部研发活动、委托其他公共或私人机构进行研发活动、购买新机器设备或电脑软件、从其他企业或组织购买专利或非专利发明、参与内部或外部培训活动、从事发展或改良产品服务和流程等功能设计活动、从事新产品和新服务的市场营销活动等七项创新活动的频率进行测量。

成果论认为创新活力是将知识转化为创新成果能力的反映，比如陈畴镛等（2008）提出企业自主创新活力是指将企业中的知识在研发、生产、销售、管理的过程中转化为新工艺、新产品、新技术的现实表现和潜在能力。林炳华，赵鸿程（2019）认为创新活力是指地区（企业）技术创新模式趋于高端化或创新积极性提升的一种倾向，并用“地区发明专利申请数 / 地区发明专利、使用新型专利、外观设计专利三者申请之和”作为衡量创新活力的替代变量，以反映地区（企业）追求高端创新意愿的强弱。

（2）个体创新活力

目前对个体创新活力的理解，既有宏观层面的分析，如韩庆祥（2016）从唯物史观的视角，运用“需要侧（度）和供给侧（度）相结合”的分析框架，认为要解决“人的创新活力”问题，就必须使“人的需求与供给精准对接”，或使“有效供给对合理需求精准发力”。还有微观层面的思辨，如张蓓（2014）认为高校青年教师创新活力是指高校青年教师具备开拓进取意识、探索精神和创新思维能力，能够开展持续的科学研究工作，并产生前沿性成果。

（3）城市创新活力

城市创新活力是指城市在创新活动发展过程中的能力和潜力（许时泽，杜德斌，2019），并依据Schumpeter（1934）的创造性破坏理论，将市场中企业的死亡与新生作为城市创新活力的重要体现。Florida（2002）则进一步指出创新型城市需要3种要素（3T）：人才（Talent）、技术（Technology）和包容性（Tolerance），三者共同促进了创新型城市的活力。Dvir等（2004）认为城市创新生态系统中包容风险、鼓励适度挑战会促进城市创新的活力。吕拉昌等（2010）基于城市创新职能的视角，构建了包括创新的主体、内容和环境等方面的创新城市测度体系。杜德斌等（2007，2016）论述了包容失败的文化环境对城市创新的重要性。朱建春等对国际城市创新研究进行了知识图谱分析，发现区域技术孵化、创新环境与效率等是促进城市技术创新的重要知识群。

（4）技术创新活力

李荣平等（2005）认为技术创新活力是创新主体将知识转化为新产品、新工艺、新技术的现实表现和潜在的能力；并根据研究对象不同，分别对区域技术创新活力和行业技术创新活力进行了研究，探究了影响创新活力的因素，构建了评价指标。

综上所述，基于系统分析的观点，创新活力应该是创新主体充分利用、整合自身与周围的可用资源，取得或即将取得理想的创新成效的过程中展现出来的特定认知、情绪、行为等综合特质状态的反映，具体包括创新认知活力、创新情绪活力、创新效能活力和创新行为活力。

二、创新活力的理论分析

（一）创新动力理论

美籍奥地利经济学家熊彼特（1883—1950）是创新概念和创新理论（Innovation

Theory）的最早提出者，将创新定义为生产要素的“新组合”。他在研究创新历程的早期和晚期分别提出了“企业家创新模式”和“大众创新模式”两种不同的创新动力机制（朱淑珍，2002）。前者认为企业家是创新的起点，其动力来源是获利、创建商业帝国的愿望、展示出类拔萃的意志力和创造带来的愉悦等几种力量共同作用的结果，应该具有激发、组织、推动企业创新活力的能力和特质，如强烈的使命感和愿景、资源重组和智力激发能力、追求完美和卓越的性格等，从而指引企业创新活力的方向，保障创新的活跃程度以及成功概率。后者认为大企业内部的创新部门取代了企业家的位置，创新活动由企业内部的创新群体承担，来自企业内部的成功创新使企业获得超额利润，企业因此得以不断发展壮大。熊彼特的整个理论体系是以创新为中心的，他用创新解释了经济增长和社会发展，认为创新是社会进步的基本动力，创新所带来的超额利润引起其他企业的模仿，从而形成创新浪潮，推动社会在一个接一个的创新浪潮中不断发展。

随后，国内外研究者根据熊彼特的创新理论，对创新动力的机制和影响因素进行了长期的研究，在创新动力驱动因素的认识上形成了单因素驱动论、双因素驱动论和系统论三种主要的学术观点。目前单因素驱动论主要有研发驱动论、利润驱动论、市场需求驱动论、国家政策规划驱动论、期望效价驱动论、领导者驱动论和激励驱动论七种观点；双因素驱动论主要有技术—市场驱动论和需求—资源矛盾驱动论两种观点；系统论的研究模式主要有整合系统模式、内外源动力分类模式和系统要素有机构成模式三种。

虽然创新活力与创新动力不同，但以前的研究经常将二者相互替代使用。创新动力是创新活力的重要影响因素，在很大程度上决定着创新的活跃程度，间接地反映着创新活力的大小。而且从结构和机制的视角，熊彼特创新理论的研究对创新活力组成部分的构建和运行机制的探讨具有重要的借鉴意义，特别是他提出的影响创新动力的两个重要因素—企业家和企业内部的创新群体，同样对创新活力至关重要。

（二）生命周期理论

团队与任何生命有机体一样具有生命力，都会经历出生、成长、成熟、衰退的不同阶段，实现从低级到高级、从幼稚到成熟的生命发展，体现了团队的生命力从弱到强又从强到弱的发展变化。Bruce Tuckman（1965）首先对群体生命进行研究，并依据团队成员间的依赖程度提出了团队发展阶段模型，具体包括组建期、激荡期、规范期、执行期和休整期（1977 年加入）五个阶段，各阶段长度和强度是动态变化的，每个阶段依次呈现，具有不可逾越性（熊小斌，高勇强，2005）。Katzenbach 和 Smith（1993）根据团队从孕育至成熟的发展程度，将其以此分为工作组、伪团队、潜在的团队、真正的团队和绩优团队 5 个阶段，但并不是所有团队都能产生高绩效，只有真团队和绩优团队由于团队成员技能互补、有共同目标、协作的工作方式，并相互负责，关心彼此的个人成长和成就，才获得了较高的绩效水平。彼得·凯普泽奥（2001）发现团队工作效率会随着团队生命的发展不断攀升，呈半抛物线状。

国内学者危怀安，胡艳辉（2012）从生命周期视角对科研团队在不同发展阶段中的自主创新能力演化的作用机理进行研究，发现处于组建期的团队可以通过引进一流学术带头人、选择科研方向、遴选合适人才及制定科学规章制度等选择机制激发创新；处于成长期的团队可以通过学习知识、培育创新文化等学习机制激发创新；处于成熟期的团队可以通过积极科研活动、对外交流合作、科研人才培养、评价与保护成果及推广应用成果等研发机制激发创新；处于变异期的团队通过变更研究方向及开拓新研究领域、调整人员结构、利益协调等变更机制激发活力。

企业生命周期理将企业整个成长过程划分为不同的阶段，然后分析每个阶段的特性，找出导致企业衰亡的致命基因，以及促进企业成长的持续因子，从而达到延长企业寿命的目的。其中爱迪斯的理论更加适应当代灵活多变的企业和行业发展形势，提出以灵活性（flexibility）和可控性（control lability）作为衡量企业生命演化的维度。企业的创新活力来自可控性和灵活性的力量对比，具有创新活力的企业是二者在企业不同阶段权变的结合。企业家和职权结构在不同时期的决策中所表现的执行力（做什么）、行政能力（怎么做）、创新精神（何时做）和整合能力（谁来做）以及在实施过程中所表现的职权、权力（激励制度）和影响与权威的组合决定着企业创新活力的水平（丰红星，2013）。

三、创新活力的测评分析

目前对创新活力测评的研究主要有创新活力理论模型探究和创新活力指标体系的构建两个方面。

对创新活力理论模型的探究，主要有：胡斌等（2005）运用模糊数学理论的综合评判法构建的企业创新活力识别模型，包括企业创新资产、人力资源、创新组织管理、创新绩效、创新环境五个层次。崔海英（2012）从思辨的视角提出了研究生党支部创新活力的“钻石模型”，包括“工作主体”“工作对象”“工作机制”“工作载体”四个基本要素和“思想理念”和“外部环境”两个影响要素，四个基本要素形成双向作用关系，两个影响要素分别对四个基本要素产生影响作用，共同决定着党支部创新活力建设的工作成效。张蓓（2014）基于需求理论（需要层次理论和奥尔德弗 ERG 需求理论）构建的高校青年教师创新活力模型，包括健康状况、生活环境、福利待遇、思想动态、情感满足、角色认同、职业发展七个结构变量。

对创新活力评价指标体系的研究（表 8-1），从测评对象上看，主要涵盖了企业创新活力、党组织创新活力、区域（包括行业）创新活力的评价指标构建，其中以企业创新活力评价指标的构建为主；从测量创新活力的视角上，既有主观层面的测量（比如创新意识、创新效能等），也有客观层面的测量（比如创新环境、创新投入、创新成果、创新文化等），因研究者对创新活力的理解不同而各异；从创新活力指标的测评内容上看，主要包括创新环境、创新资源、创新管理、创新绩效、创新的感知等五个层面。总体看，目前对创新活力的测评主要存在两大问题：一是基本上所有测评均缺少对创新活力情绪情感维度的涉及；二是缺少对创新活力各构成因素间相互关系和作用机制的探究，有的甚至没有进行案例或实证研究进行支持。

表 8-1　创新活力评价指标体系

研究对象	研究者	年份	一级指标
企业	张军	2004	企业创新资产状况；企业人力资源状况；企业组织结构及治理结构；企业环境制度因素；企业创新（过程）管理状况；企业与区域经济的协调发展状况
	苏越良，徐禾芳	2005	创新投入；创新产出；创新收益
	邵汝军，胡斌	2008	企业创新资产；人力资源；创新组织管理；创新绩效；创新环境
	陈畴镛，周青，夏文青	2009	创新环境活力；创新意识活力；创新资源活力；创新技术活力；创新成果活力；创新文化活力
	姚禄仕，丁东	2012	创新战略；创新激励；创新投入；创新成果；创新过程；创新综合贡献
	丰红星	2013	创新型领导；创新型企业文化；创新群体
党组织	徐秀秀等	2012	组织与领导；激发措施；保障监督；建设成效
区域	李荣平，刘刚海，张吉良等	2005	知识生产能力；知识扩散能力；企业技术创新；创新环境；创新效益
工业行业	李荣平，刘刚海，张吉良等	2005	创新技术基础（创新资源水平 / 创新技术能力）；创新转化能力；创新经济支撑能力（经济实力 / 竞争力水平）

四、创新活力的影响因素与激发策略

（一）创新活力的影响因素

当前学界主要对企业创新活力、个体创新活力和技术创新活力的影响因素进行了研究。

1．企业创新活力的影响因素

从外部影响因素看，银行信贷供给增加、可得性提高及银行业竞争加剧，对企业创新活力有正向影响（Chava et al.，2013；Cornaggia et al.，2015；李后建和刘思亚，2015），而银行信贷陷入困境（Nanda & Nicholas，2014）、外部融资的不稳定以及融资渠道匮乏（马光荣等，2014）、过度信贷（赵栋，吕思聪，2019）都会抑制企业的创新活动；金融知识通过市场认知机制与信贷约束机制分别作用于创新意识与创新活力（黄宇虹，黄霖，2019）；政府层面的简政放权、财政科技补贴、网络服务、知识产权保护、环境规制、公共服务等举措对企业创新活力产生影响（Dohs & Kimb，2014；Nishimura & Okamuro，2011；辜胜阻，2016；马嘉楠，周振华，2018）。从内部因素看，企业年龄与企业规模（Yasuda，2005；张杰，刘志彪，郑江淮，2007）、企业创新惰性（孟贵珍，2018）对企业创新活力有较大的影响。

2．个体创新活力的影响因素

罗勇根等（2019）探究了空气污染通过影响个体的健康和情绪状况会显著降低发明人的创新产出，抑制个体创新活力。张蓓等（2014）将高校青年教师创新的创新活力制约因素归为身体情况、生活状况、福利保障、思想动态、情感满足、社会角色和职业发展七个维度。

3．技术创新活力的影响因素

李荣平等（2005）分为对区域技术创新活力和行业技术创新活力的影响因素来探讨，比如影响区域创新活力的因素包括知识生产能力、知识扩散能力、技术创新能力、创新环境和创新效益；影响行业技术创新活力的因素包括创新技术能力、创新转化能力和创新经济支撑能力。

（二）创新活力的激发策略

当前研究主要从个体和组织两个层面分别探究了创新活力的激发策略。

1．个体创新活力的激发研究主要集中在科技人才、企业员工、高校教师和研究生四类人员上，其中又以科技人才创新活力的激发为主

（1）对科技人才创新活力的激发

宏观上，可以从营造创新氛围与宽松的用人环境、纳入国家发展战略、建科学合理的人才流动平台等入手（张洪源，苗润，2020）；中观上，可以从落实人才政策，加大研究成果培育投入，健全人才培养、激励与管理制度等入手（李继红，赵少文，2017；李东平，龚传胜，2019）；微观上，可以从提升创新意识、职业价值感、工作成就感，自我激励等方面入手（戴宏，2016；李丽芳，柳连忠，王建华，2018）。

（2）对企业员工创新活力的激发

可以从培育企业文化、实行薪酬与目标激励、设置挑战性工作、满足成长与发展的需要、建设创新授权机制、提升创新能力与素质等方面采取措施（陆迪，2017；于善甫，2019）。

（3）对高校教师的创新活力的激发

可以从激发工作热情与创新动力、培育创新意识与竞争、提高创新能力、实行科研管理改革、组织关怀、福利保障等着手（赵幼平，2013；王晖，2013）。

（4）对研究生创新活力的激发，可以通过改革培养方式、完善考核机制、创新实践活动、加强导师队伍等路径实现（徐彦芹，陈昌国，魏子栋，2014）。

2．组织创新活力的激发研究

目前对组织创新活力的激发研究主要集中在基层党组织创新活力的激发上。比如可以通过完善工作机制、丰富活动形式、健全考评制度、提升服务功能、创新工作理念与工作载体、创新传承文化、加强业务能力培训与学习、实行党务公开与扩大党内民主及监督、创优争先成果展示等方面激发基层党组织的创新活力（李书娟，2014；刘月，2015；杨晓英，邓娟，2019）。

五、已有研究问题与展望

本文从创新活力的概念、理论基础、测量及影响因素等多个方面进行了已有文献的梳理，目前有关创新活力的研究正处于起步阶段。由于对创新活力内涵理解的不准确性、理论结构不确定性及测量工具的缺乏性，导致目前已有研究仍面临诸多问题，未来需要从如下几个方面加强探索：

第一，创新活力定义缺少科学界定，部分研究都是泛泛提及，未下操作性定

义，有些甚至把它与创新有关的其他词语相混淆，如创新能力，创新动力等。

第二，创新活力的理论结构模型缺乏实证研究，更多的是从创新活力的表现去测评，缺乏系统性、科学性及动态变化性，而且很多研究把创新活力的评估指标与影响因素混淆。

第三，如果将创新活力看作一个系统的话，那么构成创新活力的各要素之间是如何运作的，具体机制是什么，目前尚未发现相关研究。

第四，创新已经凸显为时代的主题，在当代实现中国梦和全民创新创业的社会背景下，更显意义重大。那么创新活力对个人、团队及组织的影响机制和影响路径是什么，目前还处于“黑箱”阶段。今后需要进一步深化研究。

第九章　大学生创新活力理论结构的构建

大学生是指正在接受基础高等教育和专业高等教育还未毕业的一群人，他们不仅是学习社会新技术、新思想的前沿群体，也是国家培养的高级专门专业人才。大学生是社会群体中最具年轻有活力的典型代表，是具有开拓性与创造性的主力军，是推动社会进步的主要人群。因此，探索大学生创新活力结构，对我国杰出创新型人才的培养以及大学生创新素质评鉴具有重要的现实意义。以往对创新活力的研究主体主要集中在企业创新活力、城市创新活力以及更微观的技术创新活力上，围绕个体创新活力的研究较少，仅有的关于人的创新活力、青年教师的创新活力的个别研究也是纯思辨层面的理论分析。目前并没有发现深入系统地揭示大学生创新活力结构的研究，对大学生创新活力结构的关键要素及特征缺少系统提炼和归纳。因此，对大学生创新活力结构进行系统的刻画和描述，从而揭示出大学生创新活力的结构及其特征，能为我国大学生创新素质的培育提供借鉴与启示。

一、文本资料概况

采用方便随机整体取样的方法，从山东（山东大学、鲁东大学）、江苏（南京大学、常州工学院）、广东（厦门大学、韩山师范学院）、北京（北京交通大学）、湖南（湖南大学、邵阳学院）、四川（四川师范大学、西南交通大学）、重庆（西南大学、重庆师范大学）、内蒙古（内蒙古科技大学）等地区的 14 所高校中，分别选定参加国家级、省级、校级三个层次的大学生创新创业训练计划项目的团队各 1 个，共计 42 个团队，277 人参加了开放式问卷调查。所有人须回答如下问题：①您认为创新活力是什么？请您围绕“创新活力”一词充分展开联想，列出您认为最能反映大学生“创新活力”概念或内涵的至少 6 个词语或句子。②请您根据自己的了解，列出“高创新活力的大学生”具备的 10 个最明显特征。③请详细描述 1 ～ 2 个你自己亲身经历的或见过或听过的大学生高创新活力的例子。④您认为哪些因素影响了大学生的“创新活力”？可以结合具体事例说明。⑤您认为可以从哪些方面提高大学生创新活力？⑥您认为可以从哪些方面去评价一个大学生创新活力的高低？⑦您一般在什么情况下感觉到有创新活力？（请列举至少 3 钟情况）。⑧您一般在哪些方面表现出了创新活力？（请列举至少 3 个方面）。⑨当您在高创新活力状态下，对您产生了什么样的实际影响或效果？（请列出至少 3 条）。共收集有效文本 277 份。

二、大学生创新活力结构的探索

（一）分析的原则、方法与步骤

1. 分析原则

第一，创新活力特征词既要反映内容结构，同时还应厘清和辨别不同大学生在表达同一关键创新活力主题词时采取的不同表达方式，即注意创新活力特征词间的相关性。由于创新活力特征具有综合性和交叉性特征，在分析、重组、归类这些创新活力特征词项时，应使该要素在创新活动中具有代表性，并对其进行言简意赅的描述。

第二，由于创新过程体现大学生的多维素质特性，又与个体知识技能、思维风格类型、个性、动机、情感和价值等因素相关，同时还与环境等情境因素融合在一起。因此，提炼创新活力特征词时不仅应具高度概括力，还应把握不同创新活力特征词之间的区分度。

第三，注意某个维度下创新活力特征词的相关性以及各维度间的独立性。虽然每一个维度的各项创新活力特征都有相关性，有些创新活力特征相关“表面效度”很高，但实际内涵却不尽相同。

2. 分析方法和步骤

文本分析时采取以下步骤：①阅读文本资料。②登录，即对所分析文本进行“目的性抽样”，抽取能回答本研究问题的资料。③寻找关键概念词。④建立编码和归档系统，其目的在于将文本资料转化为可量化的分析数据。

我们根据采集到的有关创新活力的文本资料，运用结构建模理论，访谈了文学、心理学和教育学等三位博士生建立起对创新活力研究问题的分析维度（类目），初步划分为创新性行为、创新性认知、创新性个性、创新性精神与情感、创新性能力、创新性动力、创新性成果等七个维度。根据分析维度（类目）系，对每个“样本单元”逐一分析，登记每一个分析单位（1 个大学生文本资料为 1 个分析单元）创新活力关键特征出现的频次，同时将这些要素划归到每个分析维下，做好评判记录。需注意以下几个方面：①按照分析维度（类目），记录每个分析单元在各个分析维度（类目）下的所有数据，注意区分不同语义材料下所蕴含的关键特征词项。②采用事先设计好的矩阵表格进行统计，创新活力特征词每出现 1 次就记录 1 次，以累加求和得到某一特征词的总频数。③相同分析维度评判必须有两个以上评判员分别做出记录，以便进行信度检验，从而使评判具有量化评价标准和依据。④利 Nvivo 软件汇总得到每个维度（类目）下出现特征项的总频数。

（二）分析结果

1. 文本编码和分类一致性信度达到中度以上

文本编码一致性信度 CA 在［0.66，0.87］之间，分类一致性信度 R 值在［0.76，0.91］之间，均具备中度以上信度系数，表明编码者对 277 位大学生资料分析具有较高一致性，编码者对大学生创新活力文本资料的分析具有可信度。

2. 大学生创新活力内涵的探索

根据对 277 名大学生自由联想列举的 1339 个有关“创新活力内涵”的词句的内容分析，经过合并、聚类、汇总共获得 347 条关键特征，最终划分为创新性行为、创新性认知、创新性个性、创新性精神、创新性能力、创新性动力六个维度，每个维度涵盖的关键特征按累计频次排序统计分析，见表 9-1。

表 9-1 大学生创新活力内涵的探索

维度 1 创新性行为（参考点 305，材料来源 174）							
特征词	频次	特征词	频次	特征词	频次	特征词	频次
坚持不懈	48	独具一格	22	刻苦钻研	15	科技创新	5
创新积极性	34	发奋图强	20	行动力	12	不断挑战	5
努力开拓	32	主动学习	18	不断超越	9	独树一帜	5
敢想敢干	24	团队合作	17	独辟蹊径	5	—	—
维度 2 创新性意识（认知）（参考点 298，材料来源 157）							
特征词	频次	特征词	频次	特征词	频次	特征词	频次
富有想象力	30	革故鼎新	24	有创意	11	推陈出新	8
标新立异	27	自我意识强	21	发散思维	10	有见识	7
探索求真	33	别出心裁	21	科学怀疑意识	10	团队精神	7
创新思想	28	灵感迸发	22	奇思妙想	8	与时俱进	6

续表

维度 3　创新性个性（参考点 266，材料来源 152）							
特征词	频次	特征词	频次	特征词	频次	特征词	频次
积极向上	43	开放	17	不拘一格	9	坚强	6
个性突出	23	活泼	17	不怕挫折	9	有担当	5
自强不息	19	勇敢	14	不屈不挠	9	包容	5
热情	18	乐观	12	有毅力	8	—	—
积极进取	18	自主自由	10	性格开朗	6	—	—
维度 4　创新精神与价值（参考点 207，材料来源 109）							
特征词	频次	特征词	频次	特征词	频次	特征词	频次
创新价值	34	朝气蓬勃	29	精力充沛	14	满满正能量	6
激情	33	活力四射	16	精神抖擞	12	旺盛生命力	5
青春	30	生机勃勃	14	神采奕奕	7	—	—
维度 5　创新性知识与能力（参考点 122，材料来源 92）							
特征词	频次	特征词	频次	特征词	频次	特征词	频次
创造力	52	扎实知识	6	组织能力	4	博学广识	3
能力强	18	创新技能	7	合作能力	4	凝聚力	2
人文素养	9	社交能力	5	协调能力	3	—	—
维度 6　创新动力与发展（参考点 122，材料来源 92）							
特征词	频次	特征词	频次	特征词	频次	特征词	频次
创新发展	19	兴趣	7	内驱力	3	充满希望	3
追求梦想	16	目标驱动	6	对未知渴望	3	—	—
前进的力量	8	未来可期	5	—	—	—	—

3．高创新活力的大学生最显著特征的探索

根据对 277 名大学生列举的 2379 个有关“高创新活力最显著特征”的词句的内容分析，经过合并、聚类、汇总共获得 212 条关键特征，最终划分为创新性行为、创新性认知、创新性个性、创新性精神、创新性能力、创新性动力六个维度，每个维度涵盖的关键特征按累计频次排序统计分析，见表 9-2。

表 9-2　高创新活力的大学生最显著特征的探索

维度 1　创新个性活力（参考点 748，材料来源 235）							
特征词	频次	特征词	频次	特征词	频次	特征词	频次
积极向上	77	吃苦耐劳	23	敢于质疑	11	善于反思	7
自信	65	迎难而上	22	勇气	10	超越	6

续表

维度 1　创新个性活力（参考点 748，材料来源 235）							
特征词	频次	特征词	频次	特征词	频次	特征词	频次
乐观	50	不惧失败	21	有主见	9	个性灵活	6
活泼	36	开朗	19	坚韧	8	冒险精神	6
百折不挠	34	认真细心	18	工作严谨	8	幽默风趣	5
敢于尝试	35	善于合作	13	敢于发表意见	8	大方	5
自律	30	胆大心细	13	有耐心	8	不循规蹈矩	5
勇敢无畏	28	永不言弃	13	自我突破	7	—	—
自主自立	24	责任心	12	务实	7	—	—
热情	24	敢于改变	12	敢为人先	7	—	—
维度 2　创新意识（认知）活力（参考点 532，材料来源 225）							
特征词	频次	特征词	频次	特征词	频次	特征词	频次
灵活思维风格	114	有想法	35	见多识广	12	团队意识强	6
善于思考	93	创新意识	33	洞察力	10	问题意识	5
富有想象力	47	有思想	22	远见	8	—	—
敏锐观察力	47	宽阔的视野	22	脑洞大开	8	—	—
创新思维	36	多角度看问题	13	思想开放	7	—	—
维度 3　创新知识与能力活力（参考点 460，材料来源 193）							
特征词	频次	特征词	频次	特征词	频次	特征词	频次
卓越动手能力	103	社交能力	16	领导能力	11	信息获取力	7
聪明	60	善于解决问题	16	组织能力	10	资源聚集力	7
沟通能力强	37	善于把握机遇	13	知识渊博	10	睿智	6
富有创造力	25	专业素养高	12	强执行力	10	实践能力强	5
团队协作能力	19	专注力	12	灵活应变力	9	综合分析力	5
知识面广	17	独立思考力	12	环境适应力	9	—	—
维度 4　创新精神与情感活力（参考点 215，材料来源 127）							
特征词	频次	特征词	频次	特征词	频次	特征词	频次
朝气蓬勃	31	爱科学创造	19	友善	9	乐于助人	6
活力满满	24	身心健康	16	创造价值	9	正直	5
创新精神	23	社会责任感	13	乐于奉献	6	—	—
青春	20	热爱生活	11	爱国敬业	6	—	—
维度 5　创新行为活力（参考点 292，材料来源 168）							
特征词	频次	特征词	频次	特征词	频次	特征词	频次
勤奋好学	60	做事主动	13	敢竞争	9	爱运动	7

续表

维度 5　创新行为活力（参考点 292，材料来源 168）							
特征词	频次	特征词	频次	特征词	频次	特征词	频次
勇于实践	50	上进	12	奋斗	9	喜欢研究	6
大胆突破	27	敢于拼搏	12	创意新颖	9	创新计划	6
勇于创新	15	规划利用时间	11	锐意变革	7	高效率	4
维度 6　创新动力（参考点 120，材料来源 81）							
特征词	频次	特征词	频次	特征词	频次	特征词	频次
好奇心强	3	强探索欲望	14	勇往直前	5	有抱负	2
有目标	23	爱好兴趣广	8	有远大理想	5	任务驱动	2
不惧困难动力	15	超前性	6	对未来的规划	5	有未来希望	2

（三）大学生创新活力结构的构建

综上对大学生创新活力内涵和高创新活力大学生最显著特征的探索，再结合对如何评价创新活力的访谈和典型创新事例的分析，对大学生创新活力结构初步构建为六大因素（图 9-1）。

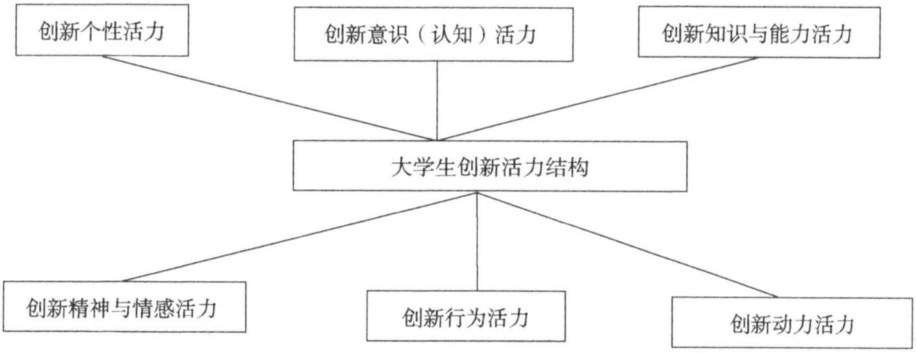

图 9-1　大学生创新活力理论结构模型

结构维度一：创新个性活力。此维度是指高创新活力需要大学生具有独特进取的创新个性品质，是大学生稳定心理特征的反映，决定着其对事物的态度与方式。著名心理专家郝滨先生认为："个性可界定为个体思想、情绪、价值观、信念、感知、行为与态度之总称，它确定了我们如何审视自己以及周围的环境。"可见，独特进取的创新个性品质在大学生的创新活力激发中起着至关重要的作用。此维度包含的创新个性品质有：积极进取、自信自律、乐观开朗、坚韧执着、敢为人先、勇于超越、勇敢无畏、自强自立、自主自由、开放包容、严谨求实、热情大方、责任担当、合作共进等。

结构维度二：创新意识（认知）活力。此维度是指大学生根据社会生活发展的需要，引起创造前所未有的事物或观念的意识，并在创新和创造活动中表现出的认知风格、思维风格、奇思妙想、科学怀疑意识、开放的视野格局等。它是人类意识活动中的一种积极的、富有成果性的表现形式，是人们进行创造活动的出发点和内在动力，是创造性思维和创造力的前提。创新意识活力包括如下重要特征：①灵活多样的思维风格，如思维的灵活性、敏捷性、跳跃性、逻辑性、发散性、流畅性、独特性、抽象性、逆向性、辩证性等。②丰富的想象力，如有创意、奇思妙想、灵感迸发、善于联想、别出心裁、脑洞大开等。③求变意识，如标新立异、探索求真、革故鼎新、推陈出新等。④问题意识，如科学怀疑意识、多角度看问题、敏锐的观察力与洞察力、善于反思等。⑤与时俱进的创新思想，如思想开放、宽阔的视野格局、远见卓识、团队精神等。

结构维度三：创新知识与能力活力。此维度是指大学生进行高效创新和创造活动应具备的知识与能力，构成了大学生高创新活力的前提与基础。具体包含：一是创新知识的广度与深度，如人文素养、扎实的基础知识、博学广识、知识面广、专业素养高、知识渊博等。二是创新能力的强基础性与特殊能力融合性，其中，创新能力的强基础性主要是指高创新活力的大学生一般具有较高的一般智力，如聪明、睿智等，它不仅是高创新的基础，也是各类特殊能力灵活运用的支撑；创新特殊能力的融合性主要是指创新是一个系统工程，需要将各类特殊能力融会贯通，开创性灵活运用，主要包括卓越的实践创造力、沟通能力、团队合作能力、专注力、组织能力（领导能力、协调能力）、灵活应变能力、环境适应能力、强执行力、信息获取能力、资源聚集能力、综合分析能力等核心能力。

结构维度四：创新精神与情感活力。此维度主要是指大学生创新创造过程中的精神追求、核心价值取向和情绪情感状态。其中精神追求与价值取向主要包括热爱科学创造、社会责任感、热爱生活、乐于奉献、爱国敬业、乐于助人、正直等；情绪情感状态主要包括激情、朝气蓬勃、青春、活力满满、身心健康、生机勃勃、精力充沛、精神抖擞、神采奕奕、满满正能量、旺盛生命力等。

结构维度五：创新行为活力。此维度是指大学生在产生创新想法的过程中以及将创新想法转化为创新成果时的行为表现，主要表现为创新行为的主动性、创新行为的突破性、创新行为的多样性和创新行为结果的丰富性。如参加创新实践的积极性、尝试创新的频率、创新方案的可行性、参加创新活动类型的多样性、取得创新成果的数量和品质等。

结构维度六：创新动力活力。此维度是指大学生的创新需要以成就导向、探索未知欲望和满足兴趣需要为内在动机的驱动，这是触发大学生创新活力的动力系统。它主要包括追求远大的梦想或理想、对未来充满希望或期待、对未来有明确规划、对未知有强烈的探索欲望、有推动前进的力量、有不惧困难的动力、有崇高的抱负、对未知领域充满好奇心、爱好兴趣广泛等。

三、大学生创新活力问卷的编制

（一）项目编制

依据上述大学生创新活力构念的研究结果，参照所构建的创新活力理论结构维度，组建创新活力量表题项资料库，具体包括：①通过词语自由联想，所获得有关创新活力内涵的 347 个关键词句。②通过最明显特征的调查，所获得的 212 个显著特征。③通过对互联网、文献中有关创新活力研究主题探究以及相关测量问卷项目的整理汇总，所获得的 80 个量表条目。形成了最初的创新活力量表题项库，共 639 项。

为了使量表条目表达更加规范、准确，首先，请 2 名汉语言文学专业和 1 名心理学的博士一起将含义相同的题项合并，或根据题项的核心含义将其补充成完善的句子，形成表述相对规范与标准的创新活力量表题项。其次由 1 名心理学教授对第一次评析的结果进行第二次评析，把表述不清或内容重复的再次删除或合并。再次，请 8 名创新项目参与学生对第二次评析结果进行试阅，提出修改意见。最终形成一个有 75 个项目的预测量表（表 9-3），其中创新个性活力包括 9 项，如我对新事物充满热情；我不喜欢循规蹈矩；我从不自暴自弃等。创新意识与思维活力包括 20 项，如我经常会灵感迸发；我常居安思危；我总能将截然不同的事物联系起来等。创新知识与能力活力包括 9 项，如我具有较高的资源聚集能力；我善于与不相似的人合作；我具有较强的综合分析能力等。创新精神与情感活力包括 14 项，如我非常热爱科学创造；我有崇高的科学理想；我充满创新的激情等。创新行为活力包括 12 项，如我善于集思广益，提出创造性想法；我总能用新颖独特的方法解决问题；我总是主动参与创新；我经常将奇思妙想付诸行动等。创新动力活力包括 11 项，如我有强烈的创新意愿；我有浓厚的创新兴趣；我对未知的领域充满好奇心等。所有项目随机排列，采用李克特（Likert）5 点评分法，“1 ～ 5”代表从“完全不符合—完全符合”。得分越高，表示当前的创新活力程度越高。

表 9-3 大学生创新活力问卷（初稿）

维度 1 创新个性活力（9）					
序号		**序号**		**序号**	
11	我总是积极主动做事	14	我可以做想做的事	17	我喜欢挑战不确定性
12	我面对挑战从不言弃	15	我遇事总是敢想敢干	18	我总是乐观面对困境
13	我可以做好任何事	16	我不喜欢循规蹈矩	19	我对新事物充满热情
维度 2 创新意识与思维活力（20）					
序号		**序号**		**序号**	
20	我善于辩证地分析问题	27	我喜欢多角度看问题	34	我能预见未发生的而又有可能发生的事情
21	我有宽阔开放的视野	28	我主动求变求新	35	我常有奇思妙想
22	我善于超越问题本身看问题	29	我善于发现问题	36	我富有想象力
23	我学习时常举一反三	30	我喜欢用怀疑的眼光看问题	37	我总能将截然不同的事物联系起来
24	我崇尚创新创造	31	我能准确把找到解决问题的突破点	38	我经常会灵感迸发
25	我喜欢把事情倒过来看	32	我善于把握解决问题的时机	39	我很容易接受不同的事物
26	我看问题远见卓识	33	我善于从别人的创新中获得启发	—	—
维度 3 创新知识与能力活力（9）					
序号		**序号**		**序号**	
40	我聪慧机智	43	我创新的天资很高	46	我善于把握解决问题的时机．
41	我善于搜集利用有效信息	44	我具有较高的专业素养	47	我具有很强的综合分析能力
42	我博学广识	45	我能将规划好的事执行到底	48	我有扎实丰富的基础知识
维度 4 创新精神与情感活力（14）					
序号		**序号**		**序号**	
49	我有勇攀高峰、敢为人先的开创精神	54	我总是朝气蓬勃	59	我对创造美好的生活充满期待
50	我有胸怀祖国、服务人民的爱国情怀	55	我想为祖国的繁荣富强而努力创造	60	我有责任为创造美好生活做贡献
51	我有旺盛的生命力	56	我有健康强健的体魄	61	我总是积极投入创新活动中
52	我总是精力充沛	57	我总是想办法让生活变得更好	62	我充满创新的激情
53	我对生活充满热爱	58	我对未知的领域充满好奇心	—	—

续表

维度 5　创新行为活力（12）					
序号		序号		序号	
63	我有强烈的创新意愿	67	我提出过很多新颖的创意	71	我总能用新颖独特的方法解决问题
64	我曾取得过较多的创新成果	68	我多次设计创新方案	72	我经常组建团队参加创新活动
65	我经常参加创新创业大赛	69	我将较多的时间投入创新	73	我热爱科学研究
66	我的创新得到良好转化应用	70	我经常搞一些发明创造	74	我对如何创新创造有明确的规划
维度 6　创新动力活力（11）					
序号		序号		序号	
75	我常有创新的紧迫感	79	我有浓厚的创新兴趣	83	我常有创新的紧迫感
76	我有明确的创新目标	80	我追求创新的意义与价值	84	我对未知的领域充满好奇心
77	我经常关注创新前沿信息	81	我有巨大的创新潜能	85	我希望通过创新实现自我价值
78	我有坚定的创新决心	82	我有远大的创新梦想	—	—

（二）方法

1．被试

调查采用方便抽样的方法，以个别调查和小规模团体调查相结合的方式进行。在重庆、四川、湖南、内蒙古、广东等省市选取 7 所高校，委托公共课教师在课间休息时施测，发放问卷 500 份，有效问卷 451 份。其中，男生 204 人，女生 247 人；文史类 70 人，理工类 211 人，艺术类 89 人，医学类 81 人；大一 135 人，大二 102 人，大三 123 人，大四 90 人；学生会及社团干部 275 人，无干部经历者 176 人；211 或 985 重点院校者 92 人，普通一本院校者 119 人，普通二本院校者 161 人，普通三本（独立学院者）79 人。

2．程序

本研究采取现场团体施测与网络个别施测相结合的办法。现场施测由受过心理学问卷施测培训的教师在课间休息时间以班级为单位通过问卷星集体施测，施测前阅读、讲解统一指导语，并监控作答。网络个别施测采用问卷星编制问卷链接，发放至被试的手机端或 PC 端，由其独自进行作答，问卷链接提前将每道题设为必答题（不允许跳过、漏答），设置每道题最少作答时间，并通过质量检测题将重复题项不同作答的问卷直接剔除。问卷收回、录入后，采用 IBM SPSS Statistics 进行项目分析和探索性因素分析。

（三）结果

1. 项目分析

结果见表 9-4、表 9-5。通过项目分析能够检验编制的问卷或测验个别题项的切适性和可靠程度（吴明隆，2010）。第一步对经过筛选后留下的有效数据进行极端值、缺失值处理。第二步采用临界比率法判定题项的区分度，初测问卷中测量活力水平的 75 个题项进行分组后，27% 高分组和 27% 低分组组间均值差异 t 值均达到 0.01 显著性，在区分度指标上全部合格。第三步对各题项进行同质性检验，包括各题项得分与总分相关（需达到大于或等于 0.400）、题项校正后与总分的相关（需达到大于或等于 0.400）、题项删除后的 α 值（需小于或等于 α 值，α 值 =0.752）、共同性（需大于或等于 0.2）以及各题项在共同因素上的因素负荷量（需大于或等于 0.500）。根据标准，大学生创新活力问卷的所有题项各项指标均合格，继续进行探索性因素分析。

表 9-4 大学生创新活力问卷项目分析

题项	极端组比	题项与总分相关		同质性检验			未达标准	备注
	决断值	相关	校正相	题项删除后 α 值	共同性	因素负荷		
V11	11.114***	0.529**	0.522	0.750	0.563	0.530	0	留
V12	11.910***	0.591**	0.584	0.749	0.642	0.596	0	留
V13	12.819***	0.616**	0.610	0.750	0.561	0.622	0	留
V14	11.569***	0.571**	0.564	0.749	0.597	0.576	0	留
V15	14.351***	0.641**	0.635	0.749	0.669	0.647	0	留
V16	8.966***	0.482**	0.475	0.750	0.472	0.482	0	留
V17	10.663***	0.572**	0.565	0.750	0.559	0.574	0	留
V18	12.810***	0.584**	0.577	0.750	0.639	0.594	0	留
V19	13.204***	0.606**	0.599	0.749	0.719	0.616	0	留
V20	12.714***	0.633**	0.627	0.749	0.690	0.649	0	留
V21	14.581***	0.671**	0.666	0.749	0.690	0.682	0	留
V22	14.878***	0.701**	0.696	0.749	0.747	0.715	0	留
V23	13.236***	0.677**	0.671	0.749	0.671	0.687	0	留
V24	15.325***	0.682**	0.677	0.749	0.645	0.692	0	留
V25	11.522***	0.615**	0.609	0.750	0.558	0.619	0	留
V26	13.510***	0.699**	0.695	0.749	0.698	0.708	0	留

续表

题项	极端组比决断值	题项与总分相关		同质性检验			未达标准	备注
		相关	校正相	题项删除后 α 值	共同性	因素负荷		
V27	10.967***	0.613**	0.607	0.750	0.680	0.627	0	留
V28	16.361***	0.746**	0.742	0.749	0.748	0.757	0	留
V29	14.943***	0.696**	0.691	0.749	0.658	0.709	0	留
V30	10.343***	0.577**	0.571	0.750	0.633	0.589	0	留
V31	13.954***	0.735**	0.731	0.749	0.701	0.747	0	留
V32	13.482***	0.721**	0.717	0.749	0.707	0.734	0	留
V33	15.480***	0.710**	0.706	0.749	0.675	0.725	0	留
V34	11.640***	0.654**	0.649	0.749	0.657	0.664	0	留
V35	13.369***	0.638**	0.633	0.749	0.739	0.652	0	留
V36	14.319***	0.664**	0.658	0.749	0.751	0.677	0	留
V37	14.627***	0.698**	0.694	0.749	0.707	0.710	0	留
V38	15.315***	0.692**	0.688	0.749	0.673	0.704	0	留
V39	14.772***	0.680**	0.675	0.749	0.692	0.692	0	留
V40	16.309***	0.710**	0.705	0.749	0.641	0.718	0	留
V41	17.523***	0.732**	0.728	0.749	0.703	0.747	0	留
V42	16.714***	0.744**	0.740	0.749	0.752	0.750	0	留
V43	16.788***	0.731**	0.727	0.749	0.708	0.735	0	留
V44	16.269***	0.730**	0.725	0.749	0.717	0.737	0	留
V45	14.743***	0.683**	0.678	0.749	0.626	0.693	0	留
V46	18.025***	0.771**	0.767	0.749	0.745	0.783	0	留
V47	15.790***	0.746**	0.742	0.749	0.720	0.757	0	留
V48	15.622***	0.754**	0.750	0.749	0.757	0.762	0	留
V49	17.841***	0.763**	0.759	0.749	0.652	0.770	0	留
V50	9.595***	0.486**	0.478	0.750	0.613	0.495	0	留
V51	13.940***	0.611**	0.604	0.749	0.795	0.617	0	留
V52	16.073***	0.652**	0.646	0.749	0.712	0.654	0	留
V53	13.104***	0.609**	0.602	0.749	0.781	0.614	0	留
V54	14.548***	0.642**	0.636	0.749	0.767	0.645	0	留
V55	11.566***	0.555**	0.548	0.750	0.724	0.561	0	留
V56	13.789***	0.621**	0.614	0.749	0.727	0.621	0	留

续表

题项	极端组比	题项与总分相关		同质性检验			未达标准	备注
	决断值	相关	校正相	题项删除后 α 值	共同性	因素负荷		
V57	12.934***	0.600**	0.594	0.749	0.763	0.607	0	留
V58	16.042***	0.657**	0.652	0.749	0.739	0.662	0	留
V59	14.001***	0.616**	0.609	0.749	0.786	0.623	0	留
V60	12.050***	0.575**	0.569	0.750	0.743	0.584	0	留
V61	18.226***	0.743**	0.739	0.749	0.767	0.745	0	留
V62	17.300***	0.724**	0.719	0.749	0.771	0.727	0	留
V63	18.805***	0.765**	0.761	0.749	0.729	0.766	0	留
V64	12.298***	0.593**	0.584	0.749	0.744	0.569	0	留
V65	12.508***	0.577**	0.568	0.749	0.796	0.548	0	留
V66	12.151***	0.598**	0.590	0.749	0.798	0.571	0	留
V67	13.629***	0.679**	0.673	0.749	0.749	0.660	0	留
V68	13.697***	0.646**	0.639	0.748	0.846	0.619	0	留
V69	14.315***	0.661**	0.654	0.748	0.831	0.635	0	留
V70	13.715***	0.644**	0.637	0.748	0.821	0.619	0	留
V71	15.911***	0.701**	0.696	0.749	0.674	0.686	0	留
V72	13.934***	0.657**	0.650	0.748	0.776	0.634	0	留
V73	16.781***	0.718**	0.712	0.748	0.718	0.702	0	留
V74	17.325***	0.737**	0.732	0.748	0.800	0.718	0	留
V75	17.648***	0.738**	0.733	0.748	0.790	0.721	0	留
V76	16.064***	0.693**	0.687	0.748	0.770	0.674	0	留
V77	16.423***	0.719**	0.714	0.748	0.767	0.703	0	留
V78	19.761***	0.762**	0.758	0.748	0.826	0.748	0	留
V79	18.093***	0.745**	0.740	0.748	0.829	0.735	0	留
V80	17.535***	0.723**	0.718	0.748	0.799	0.713	0	留
V81	19.830***	0.772**	0.767	0.748	0.797	0.759	0	留
V82	16.588***	0.703**	0.697	0.748	0.812	0.691	0	留
V83	18.708***	0.731**	0.726	0.748	0.770	0.715	0	留
V84	14.346***	0.661**	0.655	0.749	0.705	0.655	0	留
V85	15.601***	0.687**	0.682	0.749	0.748	0.676	0	留
判断准则	≥ 3.000	≥ 0.400	≥ 0.400	≤ 0.752	≥ 0.200	≥ 0.500	—	

表 9-5 大学生创新活力问卷探索性因素分析摘要表

项目	创新行为	创新精神与情感	创新动力	创新意识	创新知识与能力	创新个性	共同度
Q68	0.865	—	—	—	—	—	0.843
Q65	0.862	—	—	—	—	—	0.800
Q66	0.857	—	—	—	—	—	0.807
Q69	0.844	—	—	—	—	—	0.827
Q64	0.826	—	—	—	—	—	0.759
Q70	0.824	—	—	—	—	—	0.814
Q72	0.789	—	—	—	—	—	0.772
Q67	0.781	—	—	—	—	—	0.746
Q74	0.679	—	—	—	—	—	0.790
Q71	0.651	—	—	—	—	—	0.651
Q51	—	0.813	—	—	—	—	0.802
Q59	—	0.804	—	—	—	—	0.792
Q57	—	0.802	—	—	—	—	0.763
Q53	—	0.801	—	—	—	—	0.772
Q55	—	0.796	—	—	—	—	0.721
Q56	—	0.782	—	—	—	—	0.723
Q54	—	0.762	—	—	—	—	0.758
Q60	—	0.741	—	—	—	—	0.749
Q50	—	0.718	—	—	—	—	0.615
Q52	—	0.712	—	—	—	—	0.709
Q58	—	0.708	—	—	—	—	0.734
Q62	—	0.560	—	—	—	—	0.780
Q61	—	0.552	—	—	—	—	0.789
Q82	—	—	0.765	—	—	—	0.814
Q80	—	—	0.746	—	—	—	0.801
Q79	—	—	0.735	—	—	—	0.825
Q85	—	—	0.713	—	—	—	0.742
Q84	—	—	0.702	—	—	—	0.687
Q81	—	—	0.646	—	—	—	0.794
Q83	—	—	0.642	—	—	—	0.768
Q78	—	—	0.636	—	—	—	0.821

续表

项目	创新行为	创新精神与情感	创新动力	创新意识	创新知识与能力	创新个性	共同度
Q77	—	—	0.627	—	—	—	0.774
Q76	—	—	0.604	—	—	—	0.776
Q75	—	—	0.593	—	—	—	0.781
Q73	—	—	0.570	—	—	—	0.726
Q30	—	—	—	0.723	—	—	0.651
Q27	—	—	—	0.676	—	—	0.685
Q28	—	—	—	0.649	—	—	0.739
Q32	—	—	—	0.645	—	—	0.709
Q29	—	—	—	0.632	—	—	0.660
Q34	—	—	—	0.618	—	—	0.660
Q33	—	—	—	0.610	—	—	0.681
Q31	—	—	—	0.585	—	—	0.697
Q44	—	—	—	—	0.672	—	0.722
Q42	—	—	—	—	0.670	—	0.749
Q48	—	—	—	—	0.648	—	0.752
Q43	—	—	—	—	0.632	—	0.709
Q47	—	—	—	—	0.631	—	0.719
Q46	—	—	—	—	0.611	—	0.743
Q41	—	—	—	—	0.600	—	0.704
Q40	—	—	—	—	0.569	—	0.627
Q45	—	—	—	—	0.568	—	0.626
Q14	—	—	—	—	—	0.694	0.627
Q12	—	—	—	—	—	0.686	0.655
Q15	—	—	—	—	—	0.670	0.671
Q11	—	—	—	—	—	0.649	0.575
Q19	—	—	—	—	—	0.644	0.667
Q18	—	—	—	—	—	0.609	0.623
Q13	—	—	—	—	—	0.607	0.603
Q16	—	—	—	—	—	0.516	0.471
Q17	—	—	—	—	—	0.514	0.559
特征值	29.344	7.622	3.547	2.028	1.694	1.434	—
解释变异总量（69.984%）	16.501%	15.232%	11.257%	9.302 %	9.212 %	8.481 %	—

2. 探索性因素分析

首先检验数据是否符合做因素分析，两个分问卷的 KMO 值分别为 0.969，Bartlett’s 球形检验 χ^2 值分别为 30101.920，均达 0.001 以上显著水平，说明数据有共同因子，适合做因素分析。用主成分分析法提取因素，最大方差法进行旋转。结合特征值大于 1、碎石图，以及先前学者确定的筛选标准删除题项（吴明隆，2010；Spicer，2005）：①题项因素载荷小于 0.5。②题项在两个或以上因素上的载荷均大于 0.4。③题项在两个因素上的载荷差值小于 0.25。④单个因素包含的题项小于 3 个。最终两个分问卷均抽取六个因素，与创新活力结构理论构想相符合，累计解释总体方差分别为 69.984%，各题目的载荷均大于 0.50，创新活力问卷最终保留 61 题，见表 9-5。

四、问卷的信效度检验

前一个研究所编制的大学生创新活力问卷，还需要从测量学的角度来确定其是否有效。本研究拟检验该问卷的信度和效度，为验证其为科学有效的测量工具提供依据。

在效标的选择上，由于目前暂未发现与创新活力的有关测评，只能从有关活力和创新的测评中来选择校标加以间接检验汇聚效度。目前关于活力的研究多数将活力作为一个因子在其他研究中被测量，如测量主体身心状态的《老年人简明健康调查问卷（SF-36）》和《简明心境量表（BPOMS）》，用于评估测评对象的生命质量和健康；测量主体工作和学习状态的《工作投入量表》和《工作活力量表（SMVM 量表）》。仅有几个量表是从单一侧面对活力进行了测评，如《主观活力量表（SVS）》《情绪活力量表》。为此，本研究选择了应用较多的《主观活力量表（SVS）》作为大学生创新活力问卷的校标工具之一。《主观活力量表（SVS）》共 7 个条目，主题涉及“有生机、有能量、有精神、警醒、鼓励、向前看、有爆发力”等内容，可以作为积极健康的整体指标。采用 7 点评分（1= 非常不符合、2= 较为不符合、3= 有点不符合、4= 一般、5= 有点符合、6= 较为符合、7= 非常符合），让被试直接对当前状态进行自陈。量表的信度系数是 0.89。

目前关于创新的测评较多，鉴于创新活力的心理学研究视角，本研究选用托兰斯 1965 编制的简便、易行的《创造性人格自陈量表》作为大学生创新活力的校标工具之一。该量表包括 20 题，采取二择一的强迫性选择（符合或不符合），让被试提供其创造人格特征的报告，以了解被试的创造性水平。评分标准是每符合 20 题中的一项就得 1 分，最后算出总分，总分 0 ～ 13 分为一般，14 ～ 17 分为好，18 ～ 20 分很好。

（一）方法

调查采用方便抽样的方法，以个别调查和小规模团体调查相结合的方式进行。在重庆、四川、湖南、内蒙古、广东等省市选取 7 所高校，委托公共课教师在课间休息时施测，发放问卷 850 份，有效问卷 801 份。其中，男生 343 人，女生 459 人；文史类 140 人，理工类 409 人，艺术类 55 人，医学类 198 人；大一 454 人，大二 248 人，大三 85 人，大四 14 人；学生会及社团干部 426 人，无干部经历者 375 人；211 或 985 重点院校者 192 人，普通一本院校者 219 人，普通二本院校者 261 人，普通三本（独立学院者）129 人。采用 SPSSAU 在线对筛选后的数据做信度分析和效度检验。

（二）结果

1. 信度

检验问卷的内部一致性信度（Cronbach' s α 系数）、分半信度（Spearman-Brown 系数）以及重测信度（Pearson 相关系数）。其中重测信度是抽取样本被试中的 75 人在四周后进行重新施测，与第一次测量结果做相关比较。结果见表 9-6。总问卷的 α 系数为 0.98，分半信度为 0.84，重测信度为 0.81；问卷各维度三项信度指标均超过 0.7。由于 α 系数值在 0.70 ～ 0.80 相当好，而在 0.80 ～ 0.90 非常好（De Vellis，1991）；以发展测量工具为目的，分半信度值应在 0.70 以上（Henson，2001）；重测信度系数在 0.7 以上表示该测量工具稳定性高，再测信度佳（吴明隆，2010），结果显示该问卷的信度处于良好水平。

表 9-6　大学生创新活力问卷信度系数

类别	创新活力	创新行为	创新精神与情感	创新动力	创新意识	创新知识与能力	创新个性
α 系数	0.98	0.96	0.96	0.98	0.93	0.95	0.90
分半信度	0.84	0.94	0.93	0.93	0.93	0.92	0.87
重测信度	0.81	0.79	0.77	0.78	0.76	0.77	0.74

2. 效度

（1）结构效度

利用 SPSSAU 在线对探索性因素分析中确定的六维度的大学生创新活力模

型进行验证性因素分析，本研究共设置四个模型：一因素模型（所有题项放在一个因素中）、四因素模型（创新行为；创新精神与情感 + 创新意识 + 创新个性；创新动力；创新知识与能力）、五因素模型（创新行为；创新精神与情感；创新意识 + 创新个性；创新动力；创新知识与能力）、六因素模型（创新行为；创新精神与情感；创新意识；创新个性；创新动力；创新知识与能力），结果发现（表 9-7）。由于本研究为大样本研究（N=801）且模型复杂，因此对样本量不敏感的比较拟合指数（Comparative Fit Index，CFI）、适用于复杂模型的校正指数非规范拟合指数（Tucker-Lewis index，TLI）和受样本量影响小，对模型误设敏感的近似误差均方根（Root Mean Square Error of approximation，RMSEA）是比较良好的适配度显示指标。CFI 和 TLI 可接受标准均为 >0.9（Hu & bentler，1999），RMSEA 小于 0.10 拟合较好（Steiger，1990）。本研究中的四个因素模型，只有六因素模型的各项拟合指数均符合标准，整体拟合度比较好，验证了理论构想。

表 9-7 大学生创新活力问卷验证性拟合指数

模型	$c\chi^2$	df	$c\chi^2/df$	RMSEA	CFI	NFI	TLI	IFI	SRMR
一因素	15346.954	945	16.240	0.138	0.574	0.559	0.553	0.574	0.127
四因素	6516.848	939	6.940	0.086	0.835	0.813	0.826	0.835	0.068
五因素	4221.621	935	4.515	0.066	0.903	0.879	0.897	0.903	0.050
六因素	3473.696	930	3.735	0.058	0.925	0.900	0.920	0.925	0.043

（2）构念效度

本研究采用内容效度、汇聚效度、区分效度来对构念效度进行检验。

在内容效度上，首先问卷题项编制后请 2 位心理学教授、3 位心理学博士、4 位心理硕士对题项进行评价，根据其意见修改和增删题项；其次，在此基础上将这些题项请 20 名大学生再次进行评价、删改。因此该问卷题项能够反映创新活力的概念和内容，具有较好的内容效度。此外，再根据验证性因子分析中各因子载荷系数所反映的因子（潜变量）与分析项（显变量 / 测量项）之间的相关关系均显著相关，而且标准载荷系数值均大于 0.7，则说明因子与其所对应的题项有着较好的测量关系，进一步说明了本问卷具有较好的内容效度。

在聚合效度上，采用 AVE（平均方差萃取）和 CR（组合信度）用于聚合效度（收敛效度）分析（表 9-8），研究结果发现：6 个因子对应的 AVE 值全部均大于 0.5，且 CR 值全部均高于 0.7，意味着本次分析数据具有良好的聚合（收敛）效度。

表 9-8 聚合效度模型 AVE 和 CR 指标结果

因变量	平均方差萃取 AVE 值	组合信度 CR 值
创新行为	0.758	0.956
创新精神与情感	0.701	0.949
创新动力	0.742	0.953
创新意识	0.633	0.932
创新知识与能力	0.666	0.941
创新个性	0.555	0.897

在区分效度上，采用各因子 AVE 平方根值与该因子与其他因子的相关系数绝对值的比较来分析判断区分效度（表 9–9）。研究结果发现：针对创新行为，其 AVE 平方根值为 0.871，大于因子间相关系数绝对值的最大值 0.750，意味着其具有良好的区分效度。针对创新精神与情感，其 AVE 平方根值为 0.837，大于因子间相关系数绝对值的最大值 0.677，意味着其具有良好的区分效度。针对创新动力，其 AVE 平方根值为 0.862，大于因子间相关系数绝对值的最大值 0.750，意味着其具有良好的区分效度。针对创新意识，其 AVE 平方根值为 0.796，大于因子间相关系数绝对值的最大值 0.770，意味着其具有良好的区分效度。针对创新知识与能力，其 AVE 平方根值为 0.816，大于因子间相关系数绝对值的最大值 0.770，意味着其具有良好的区分效度。针对创新个性，其 AVE 平方根值为 0.745，大于因子间相关系数绝对值的最大值 0.720，意味着其具有良好的区分。

表 9-9 区分效度：Pearson 相关与 AVE 平方根值

因变量	创新行为	创新精神与情感	创新动力	创新意识	创新知识与能力	创新个性
创新行为	0.870	—	—	—	—	—
创新精神与情感	0.256	0.837	—	—	—	—
创新动力	0.750	0.490	0.862	—	—	—
创新意识	0.436	0.624	0.558	0.794	—	—
创新知识与能力	0.540	0.677	0.647	0.770	0.815	—
创新个性	0.322	0.641	0.458	0.720	0.666	0.745

注 斜对角线蓝色数字为 AVE 平方根值。

（3）校标效度

在校标效度上，大学生创新活力总分与其主观活力量表（SVS）总分、创新性人格总分呈现中等程度显著正相关（表 9–10）；大学生创新活力包含的 6 个因子与主观活力量表（SVS）总分、创新性人格总分均呈现显著正相关，符合测量学标准。为了进一步检验大学生创新活力问卷的有效性，把创造性人格的测试总分按高低排序，总分 0 ～ 13 分为一般组，14 ～ 20 分为较好组，对一般组和较好组被试在大学生创新活力总分及 6 个因子上的得分进行差异检验。结果表明，大学生创新活力总分及 6 个因子的得分在一般组和较好组之间均差异显著，即创新性人格较好的大学生在创新活力上显著高于创新性人格普通的大学生。因此，大学生创新活力问卷可以有效筛查出其创新活力水平的高低。

表 9-10　大学生创新活力及各因子与其主观活力、创造性人格的相关

因变量	创新活力	创新行为	创造精神与情感	创新动力	创新意识	创新知识与能力	创新个性
主观活力	0.511**	0.234**	0.536	0.371**	0.422**	0.465**	0.451**
创造性人格	0.518**	0.389**	0.327**	0.489**	0.422**	0.470**	0.386**

注　$^{**}p<0.01$。

五、结论

第一，大学生创新活力问卷包括创新行为、创新精神与情感、创新动力、创新意识、创新知识与能力和创新个性六个维度，共 61 题。

第二，大学生创新活力问卷的信度与效度达到了心理测量学要求。

第三，大学生创新活力理论模型得到数据支持。

第十章　中国大学生创新活力大学生现状调查研究

在文献综述时发现，目前以个体创新活力为主题的实证研究较少，而且有关创新活力的研究更多地集中在企业、技术、城市等领域。本研究以中国大学生为调查对象，其结果可能与企业、技术、城市等领域的创新活力有着显著的不同，这有助于扩展创新活力研究的研究领域，进一步丰富创新活力的理论体系。本研究探讨中国大学生创新活力水平的基本状况，考查中国大学生创新活力在性别、年级、专业、社团经历等人口学变量上的差异。

一、方法

调查采用方便抽样的方法，以个别调查和小规模团体调查相结合的方式进行。在重庆、四川、湖南、内蒙古、广东等省市选取 7 所高校，委托公共课教师在课间休息时施测，发放问卷 850 份，有效问卷 801 份。其中，男生 343 人，女生 459 人；文史类 140 人，理工类 409 人，艺术类 55 人，医学类 198 人；大一 454 人，大二 248 人，大三 85 人，大四 14 人；学生会及社团干部 426 人，无干部经历者 375 人；211 或 985 重点院校者 192 人，普通一本院校者 219 人，普通二本院校者 261 人，普通三本（独立学院者）129 人。

所采用的工具是自编中国大学生创新活力问卷，包括创新行为活力、创新精神与情感活力、创新动力活力、创新意识活力、创新知识与能力、创新个性活力共 6 个因子，45 个题项。该量表 5 点计分，得分越高表示相关特质的水平越高。在本研究中，各维度的 Cranach's α 在 0.90 ～ 0.98。

人口统计学变量测量部分卷，包括让被试填写性别、年级、籍贯、专业、实践活动精力。

二、结果

（一）中国大学生创新活力水平总体状况

大学生创新活力及其六个因子的平均分和标准差见表 10–1。创新活力总均值及各维度均值在 2.82 ～ 3.76，由于该问卷采取 5 点计分，因此活力总体水平以及除创新行为外的各维度水平处于中等偏上的程度；在所有子因子中，创新精神与情感因子的水平最高，创新行为因子的水平最低。配对样本 t 检验显示：创新精神与情感、创新意识、创新个性三个因子的平均得分显著高于大学生创新活力的平均得分，差异的效果量分别是 0.67、0.064、0.50；创新行为和创新动力因子的平均得分显著低于大学生创新活力的平均得分，差异的效果量分别是 –0.35、–0.85。

表 10–1　大学生创新活力及各维度的平均分与标准差

大学生创新活力（$M\pm SD$）	B：六因素（$M\pm SD$）	t	p	d	事后比较
A：大学生创新活力（3.35±0.623）	创新行为（2.82±1.005）	–20.943***	<0.001	–0.85	A>B
	创新精神与情感（3.76±0.781）	22.911***	<0.001	0.67	A<B
	创新动力（3.13±0.871）	–12.280***	<0.001	–0.35	A>B
	创新意识（3.39±0.668）	3.300**	<0.005	0.064	A<B
	创新知识与能力（3.37±0.701）	1.810	>0.05	0.032	—
	创新个性（3.54±0.689）	12.113***	<0.001	0.50	A<B

注　*$p<0.05$，**$p<0.01$，***$p<0.001$。

（二）中国大学生创新活力水平人口统计学差异

以性别、年级、专业、学校层次、社团活动情况、创新经历等为自变量，以创新活力总体水平及创新行为、创新精神与情感、创新动力、创新意识、创新知识与能力、创新个性等为因变量，进行独立样本 t 检验或多因素方差分析。

1．性别对创新活力水平的影响

以性别为自变量，以创新活力总分及其各维度为因变量进行独立样本 t 检验，结果如表 10-2 所示：在创新活力总分水平上，男生活力水平显著高于女生，差异效果量的绝对值大于 0.2；在各维度水平上，除了创新精神与情感维度外，男生的创新水平均显著高于女生，不过只有创新行为、创新动力、创新意识三个维度的差异效果量的绝对值大于 0.2。具体趋势见图 10-1。

表 10-2 大学生创新活力水平性别差异检验

因变量	性别		t	p	d	事后比较
	A：男（$M \pm SD$）	B：女（$M \pm SD$）				
创新行为	3.00±1.058	2.69±0.943	4.338***	0.000	-0.29	A>B
创新精神与情感	3.76±0.832	3.76±0.742	-0.078	0.938	—	—
创新动力	3.26±0.925	3.03±0.816	3.624***	0.000	-0.25	A>B
创新意识	3.48±0.757	3.32±0.585	3.111**	0.002	-0.20	A>B
创新知识与能力	3.43±0.797	3.32±0.616	2.112*	0.035	-0.14	A>B
创新个性	3.60±0.791	3.49±0.600	2.013*	0.044	-0.13	A>B
创新活力	3.43±0.704	3.28±0.547	3.169**	0.002	-0.21	A>B

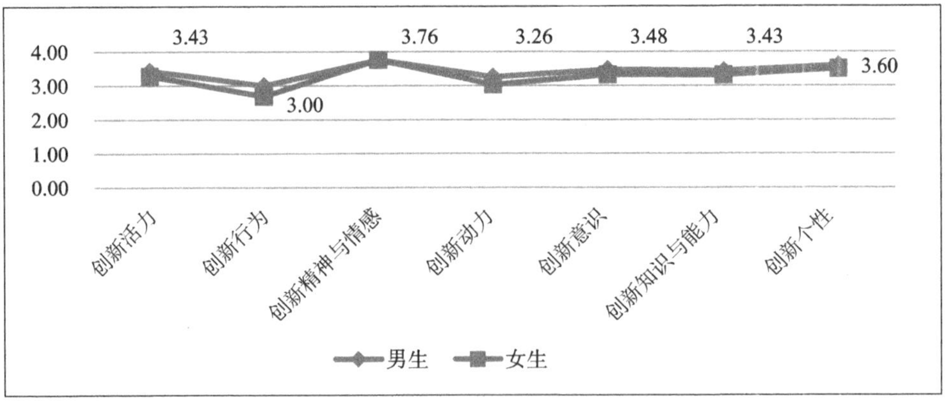

图 10-1 创新活力及各维度性别差异

2．年级对创新活力水平的影响

以年级（分为高低）为自变量，以活力及其各维度为因变量进行独立样本 t 检验，结果如表 10-3 所示：不同年级大学生在创新活力及六个维度上的差异均不显著。具体趋势见图 10-2。

表 10-3 大学生创新活力水平年级差异检验

因变量	年级（低：1、2；高：3、4）		*t*	*p*	*d*	事后比较
	A：低（*M*±*SD*）	B：高（*M*±*SD*）				
创新行为	2.80±1.010	2.97±0.965	-1.599	0.110	—	—
创新精神与情感	3.77±0.782	3.70±0.783	0.754	0.451	—	—
创新动力	3.13±0.868	3.16±0.895	-0.315	0.753	—	—
创新意识	3.39±0.668	3.36±0.669	0.449	0.653	—	—
创新知识与能力	3.36±0.702	3.41±0.693	-0.600	0.549	—	—
创新个性	3.60±0.693	3.51±0.669	0.447	0.655	—	—
创新活力	3.34±0.624	3.36±0.618	-0.259	0.796	—	—

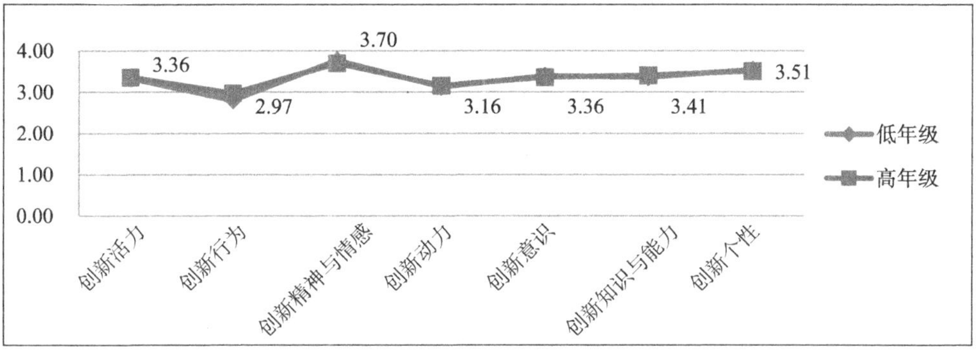

图 10-2 创新活力及各维度年级差异

3．专业对创新活力水平的影响

以专业为自变量，以创新活力及其各维度为因变量进行单因素方差分析，结果如表 10-4 所示。不同专业在创新活力及六个维度上的差异不显著。具体趋势图见图 10-3。

表 10-4 大学生创新活力专业差异检验

因子	A：文史类（*M*±*SD*）	B：理工类（*M*±*SD*）	C：医学类（*M*±*SD*）	D：音体美类（*M*±*SD*）	*F*	事后比较（*d*）
创新行为	2.84±0.927	2.83±1.03	2.74±1.013	3.01±0.983	1.134	—
创新精神与情感	3.67±0.776	3.77±0.792	3.74±0.781	3.92±0.704	1.369	—
创新动力	3.11±0.780	3.15±0.882	3.04±0.915	3.30±0.828	1.461	—
创新意识	3.30±0.626	3.42±0.656	3.36±0.720	3.51±0.647	1.933	—
创新知识与能力	3.31±0.655	3.36±0.706	3.39±0.713	3.46±0.734	0.687	—
创新个性	3.44±0.665	3.55±0.676	3.57±0.731	3.63±0.691	1.465	—
创新活力	3.29±0.572	3.36±0.623	3.32±0.654	3.48±0.618	1.437	—

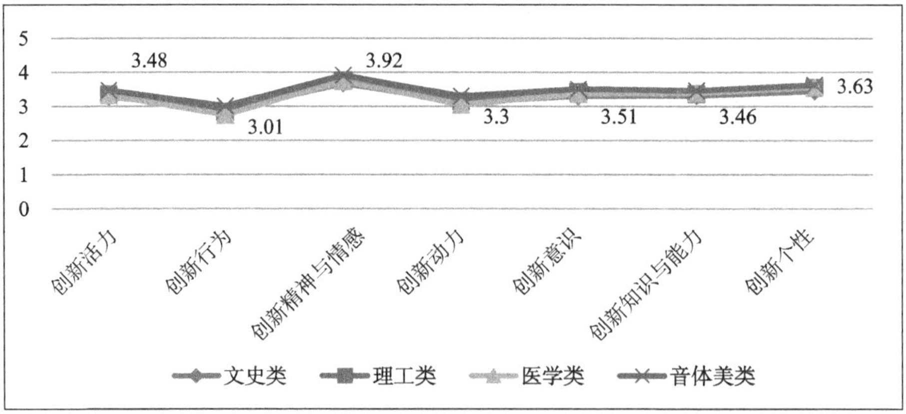

图 10-3　创新活力及各维度专业差异

4. 生源地对创新活力水平的影响

以生源地为自变量，以创新活力及其各维度为因变量进行单因素方差分析，结果如表 10-5 所示：不同生源地大学生在创新活力总分上差异不显著；在各维度上，只在创新行为维度上，来自中小城市的学生显著高于来自农村的学生，差异效果量是 0.20。具体趋势图见图 10-4。

表 10-5　大学生创新活力生源地差异检验

因变量	A：大城市（*M*±*SD*）	B：中小城市（*M*±*SD*）	C：乡镇（*M*±*SD*）	D：农村（*M*±*SD*）	*F*	事后比较（*d*）
创新行为	3.05±1.00	2.92±1.03	2.79±0.978	2.72±0.993	2.710*	B>D（0.20）
创新精神与情感	3.59±1.01	3.80±0.765	3.72±0.755	3.76±0.783	1.057	—
创新动力	3.26±1.03	3.21±0.912	3.07±0.812	3.08±0.841	1.776	—
创新意识	3.48±0.897	3.41±0.676	3.35±0.576	3.38±0.684	0.596	—
创新知识与能力	3.41±0.904	3.44±0.691	3.33±0.627	3.31±0.724	1.869	—
创新个性	3.39±0.879	3.58±0.671	3.51±0.658	3.54±0.701	1.018	—
创新活力	3.37±0.794	3.40±0.625	3.30±0.562	3.31±0.632	1.477	—

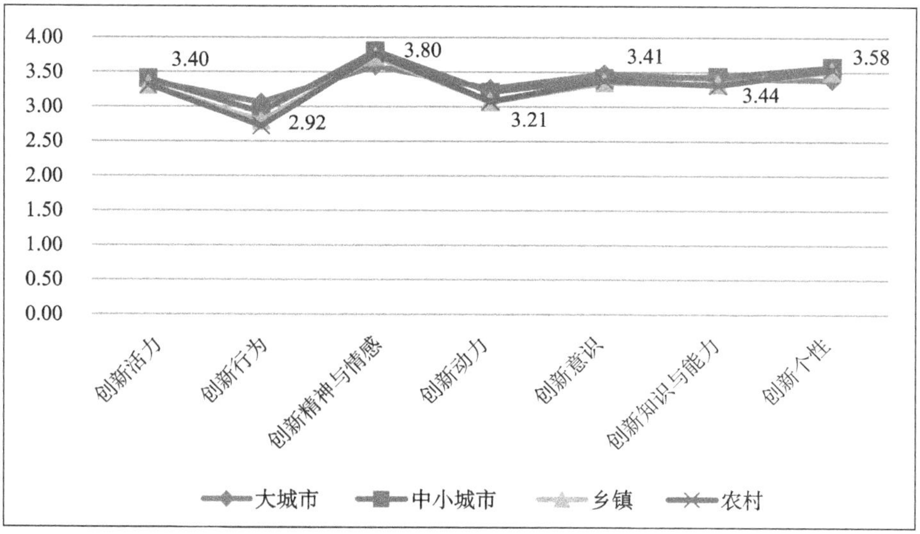

图 10-4　创新活力及各维度生源地差异

5. 社团工作经历对创新活力水平的影响

以社团工作经历为自变量，以创新活力总分及其各维度为因变量进行独立样本 t 检验，结果如表 10-6 所示：在创新活力总分上，大学生有无社团工作经历的差异不显著；在各维度上，有社团工作经历的大学生在创新精神与情感、创新意识、创新知识与能力、创新个性上显著高于无社团工作经历的大学生，差异效果量在 0.18 ～ 0.23。具体趋势图见图 10-5。

表 10-6　大学生创新活力水平在社团工作经历上差异检验

因变量	社团		t	p	d	事后比较
	A：有社团工作经历（$M \pm SD$）	B：无社团工作经历（$M \pm SD$）				
创新行为	2.82±0.999	2.86±1.049	-0.443	0.658	—	—
创新精神与情感	3.78±0.779	3.60±0.783	2.161*	0.031	0.23	A>B
创新动力	3.14±0.870	3.09±0.883	0.526	0.599	—	—
创新意识	3.41±0.648	3.26±0.785	1.994*	0.046	0.18	A>B
创新知识与能力	3.39±0.685	3.21±0.790	2.439*	0.015	0.23	A>B
创新个性	3.56±0.669	3.39±0.805	2.336*	0.020	0.21	A>B
创新活力	3.36±0.610	3.24±0.703	1.754	0.080	—	—

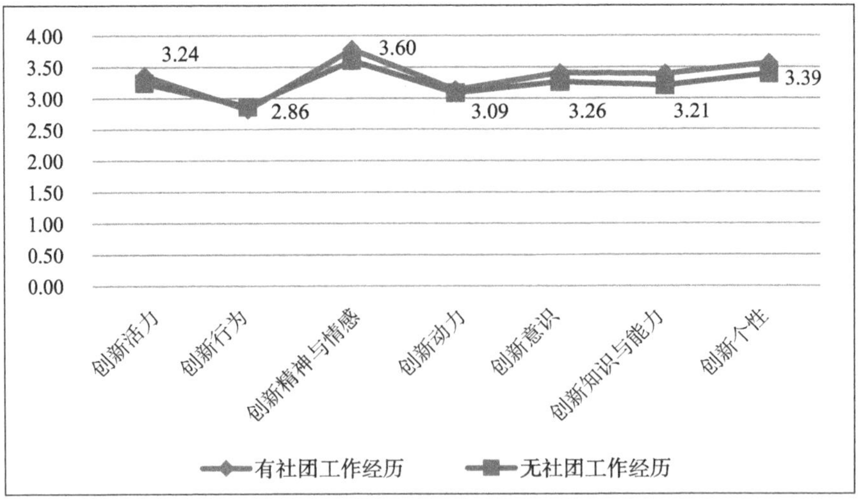

图 10-5 创新活力及各维度在社团工作经历上差异

6. 创新创业经历对创新活力水平的影响

以创新创业经历为自变量，以创新活力总分及其各维度为因变量进行独立样本 t 检验，结果如表 10-7 所示：在创新活力总分上，有创新创业经历的学生显著高于无创新创业经历的学生；在各维度上，有创新创业经历的学生在创新行为、创新动力、创新知识与能力上显著高于无创新创业经历的学生。具体趋势图见图 10-6。

表 10-7 大学生创新活力水平在创新创业经历上差异检验

因变量	参与创新项目（$M±SD$）	未参与创新项目（$M±SD$）	t	p	d
创新行为	3.06±0.946	2.74±1.013	4.159***	0.000	0.32
创新精神与情感	3.82±0.800	3.74±0.774	1.336	0.182	—
创新动力	3.26±0.838	3.08±0.878	2.533*	0.011	0.20
创新意识	3.41±0.703	3.38±0.655	0.539	0.590	—
创新知识与能力	3.46±0.691	3.33±0.702	2.220*	0.027	0.18
创新个性	3.55±0.714	3.54±0.681	0.252	0.801	—
创新活力	3.43±0.627	3.31±0.619	2.446*	0.015	0.20

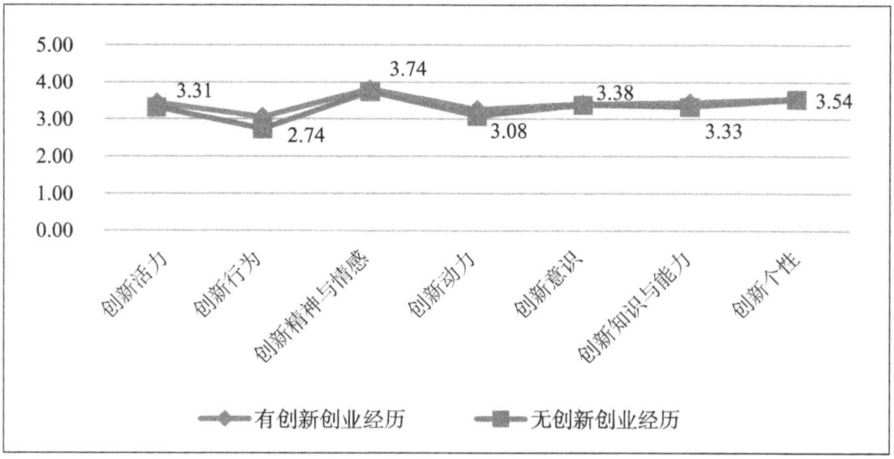

图 10-6　创新活力及各维度在创新经历上差异

参考文献

[1] 赛利格曼 . 持续的幸福［M］. 赵昱鲲，译 . 杭州：浙江人民出版社，2012.

[2] 韩明安 . 新语词大词典［M］. 哈尔滨：黑龙江人民出版社，1991.

[3] 郝迟，盛广智，李勉东 . 汉语倒排词典［M］. 哈尔滨：黑龙江人民出版社，1987.

[4] 外语教学与研究出版社辞书部 . 现代英汉词典［M］. 北京：外语教学与研究出版社，2001.

[5] 黑龙江大学英语辞书研究室 . 英汉科技大词库［M］. 哈尔滨：黑龙江人民出版社，1987.

[6] 康德 . 判断力批判 . 中文 1 版，上卷［M］. 北京：商务印书馆，1964，79.

[7] 宋洪波，符明秋，杨帅 . 活力：一个历久弥新的研究课题［J］. 心理科学进展，2015，23（9）：1668-1678.

[8] 董慧，欧阳康 . 火与水：中西活力思想的历时性考察与评述［J］. 武汉理工大学学报（社会科学版），2008，21（5）：647-652.

[9] 杜常贺，王明辉，杨振波，等 . 员工活力问卷（SMVM）的中文版修订［C］. 增强心理学服务社会的意识和功能——中国心理学会成立 90 周年纪念大会暨第十四届全国心理学学术会议论文摘要集，2011.

[10] 王振勇，黄希庭，支富华 . 高中生理想人格结构分析［J］. 心理科学，2002，25（5）：562-564.

[11] 郑全全，徐沙 . 自主支持对自我损耗的影响：活力对能量的补偿作用［J］. 应用心理学，2011，17（3）：195-201.

[12] 项明强 . 促进青少年体育锻炼和健康幸福的路径：基于自我决定理论模型构建［J］. 体育科学，2013，33（8）：21-28.

[13] 唐本钰，张承芬 . 个体早期情绪唤起与自我决定及主观活力的关系 . 心理与行为研究，2005，3（2）：139-142.

[14] 范雯健，耿耀国，刘萌，等 . 未来时间洞察力在尽责性和活力之间的中介作用［J］. 心理学进展，2016，6（4）：445-451.

[15] 李钰婷，任哲，任凤燕，等．大学生外向性、活力与生命意义感的关系研究［J］．心理学进展，2016，6（1）：85-90.
[16] 曹文君，化前珍，王庸晋，等．SF-36量表在中国老年人群中应用的心理学特征测评［J］．现代预防医学，2014，41（6）：964-967.
[17] 叶超群，孙天胜，李放，等．SF-36简明健康问卷在几种骨关节疾病患者中的应用研究［J］．中国康复医学杂志，2012，27（12）：1111-1116.
[18] 王琪，李小杉，赵薇，等．SF-36量表用于大学生生活质量调查的信效度评价［J］．中国学校卫生，2014，35（1）：118-120.
[19] 刘朝杰，李宁秀，任晓晖，等．36条目简明量表在中国人群中的适用性研究［J］．华西医大学报，2001，32（1）：39-42.
[20] 王建平，林文娟，陈仲庚，等．简明心境量表（POMS）在中国的试用报告［J］．心理学报，2000，32（1）：110-114.
[21] 迟松，林文娟．简明心境量表（BPOMS）的初步修订［J］．中国心理卫生杂志，2003，17（11）：768-770.
[22] 方来坛，时勘，张风华．中文版学习投入量表的信效度研究．中国临床心理学杂志，2008，16（6）：618-620.
[23] 邓晓芒．古希腊罗马哲学讲演录（一）［M］．西南政法大学学报，2007，9（1）：8-9.
[24] 汪子嵩．希腊哲学史［M］．北京：人民出版社，1997.
[25] 梯利．西方哲学史［M］．葛利，译．北京：商务印书馆，2005：216.
[26] 吴飞．奥古斯丁与精神性存在［J］．哲学动态，2018（11）：45-54.
[27] 杨小刚．奥古斯丁论两种自识［J］．现代哲学，2017（3）：88-100.
[28] 康德．历史理性批判文集［M］．何兆武，译．北京：商务印刷馆，1991.
[29] 斯宾诺莎．伦理学［M］．北京：商务印书馆，1997.
[30] 洛克．政府论（下篇）［M］．叶启芳，瞿菊农，译．北京：商务印书馆，1964：38.
[31] 李天慧．心灵的能动性与身心和谐———论莱布尼茨的心灵哲学［J］．北方论丛，2017（3）：106-111.
[32] 董慧，欧阳康．火与水：中西活力思想的历时性考察与评述［J］．武汉理工大学学报：社会科学版，2008，21（5）：647-651.
[33] 康德．判断力批判（上卷）［M］．宗白华，译．北京：商务印书馆，1964.
[34] 黑格尔．精神现象学（上卷）［M］．贺麟，王玖兴，译．北京：商务印书馆，1997.

[35] 马克瑞尔 . 狄尔泰传［M］. 李超杰，译 . 北京：商务印书馆，2003.
[36] 郑乐平 . 生命，在时间之流中：柏格森《时间与自由意识》精粹 . 武汉：湖北人民出版社，1989.
[37] 美尔 . 生命直观［M］. 北京：三联书店，2003：17.
[38] 佚名 . 周易（中国古典文学精华）［M］. 北京：中国戏剧出版社，2007.
[39] 黄玉顺 . 生存结构与心灵境界——面向 21 世纪的中国哲学［J］. 周易研究，2002（4）：14-22.
[40] 牟钟鉴 . 道是不息的生命活力［M］. 中国道教，2008（6）：25-26.
[41] 牟钟鉴 . 论老子的“道”［M］. 东岳论丛，1994（1）：66-69.
[42] 李军华 . 学生同义词反义词辨析词典［M］. 武汉：崇文书局，2006.
[43] 王登峰，崔红 . 中国人人格量表（QZPS）的编制过程与初步结果［J］. 心理学报，2003，35（1）：127-136.
[44] 黄希庭 . 健全人格与心理和谐［M］. 重庆：重庆出版集团，2010.
[45] 宋传颖 . 活力：理论、测量及影响因素研究进展［J］. 邵阳学院学报：自然科学版，2019，16（1）：108-110.
[46] 魏怡，胡军生 . 坚毅性人格：概念结构、影响因素及作用结果［J］. 心理技术与应用，2017，5（1）：52-61.
[47] 宋传颖，秦启文，潘孝富，等 . 大学生活力量表的编制［J］. 中国心理卫生杂志，2020，34（3）：212-218.
[48] 王登峰，崔红 . 中国人人格量表（QZPS）的编制过程与初步结果［J］. 心理学报，2003，35（1）：127-136.
[49] 刘继亮，孔克勤 . 人格特质研究的新进展［J］. 心理科学，2001，24（3）：294-296.
[50] 王振勇，黄希庭，支富华 . 高中生理想人格结构分析［J］. 心理科学，2002，25（5）：562-564.
[51] 黄希庭，郑涌，李宏翰. 学生健全人格养成教育的心理学观点［J］. 广西师范大学学报：哲学社会科学版，2006，42（3）：90-94.
[52] 王馥芸 . 中国自省人格的结构与测量［D］. 重庆：西南大学，2018.
[53] 陆洛 . 中国人主观幸福感之内涵、测量及相关因素探讨［J］. 国家科学委员会研究汇刊：人文及社会科学，1997，8（1）：115-137.
[54] 黄希庭，杨雄 . 青年学生自我价值感量表的编制［J］. 心理科学，1998（4）：289-292.
[55] 黄希庭 . 时间与人格心理学探索［M］. 北京：北京师范大学出版社，2006.

［56］汪宏，窦刚，黄希庭．大学生自我价值感与主观幸福感的关系研究［J］．心理科学．2006（3）：597-600.
［57］詹茂光．高职学生主观幸福感与自我价值感关系研究［J］．西南科技大学学报：哲学社会科学版，2007，24（6）：93-97.
［58］梁深．自考生自我价值感与主观幸福感及其关系研究［J］．中国成人教育，2010，20：129-131.
［59］李丽霞．初中生心理控制源、自我价值感、主观幸福感的关系［D］．桂林：广西师范大学，2018.
［60］刘丽．自我价值感·自尊需要·自尊自信人格的培养［J］．江苏师范大学学报：哲学社会科学版，2016，42（1）：134-138.
［61］杨雄，黄希庭．青少年学生自我价值感特点的初步研究［J］．心理科学，1999（6）：484-487.
［62］胡锦涛．高举中国特色社会主义伟大旗帜为夺取全面建设小康社会新胜利而奋斗［M］．北京：人民出版社，2007.
［63］程翠萍，黄希庭．大学生勇气与主观幸福感的关系：一个有调节的中介模型［J］．心理发展与教育，2016，32（4）：478-485.
［64］顾海根．大学生自我价值感研究：回顾与展望［J］．心理科学，2002，25（2）：217-218.
［65］李婷婷．大学生性格优势、心理应激与心理健康的关系研究［D］．重庆：西南大学，2013.
［66］车丽萍，庞连生，黄大伟．大学生心理健康与自信人格的关系研究［J］．西南大学学报：社会科学版，2010，36（4）：20-24.
［67］顾寿全，奚晓岚，程灶火，等．大学生大五人格与心理健康的关系［J］．中国临床心理学杂志，2014，22（2）：354-356.
［68］张文悦，郭天蔚，郭卓，等，大学生的抑郁状态及生存质量与人格特质的关系［J］．中国心理卫生杂志，2015，29（8）：735-640.
［69］田瑞琪，唐小娟，刘亭亭，等．研究生和本科生防御机制及与大五人格的关系［J］．中国学校卫生，2013，34（7）：818-820.
［70］黄雅梅，周仁来，吴梦莹．神经质人格的神经生理基础［J］．心理科学进展，2015，23（4）：602-613.
［71］李义安，王学臣．大学生的心理健康水平、人格特征与父母养育方式的相关研究［J］．中国健康心理学杂志，2004（5）：329-330.
［72］周世军，李科生，张亚婷，等．初中生心理健康与人格的相关研究［J］．中

国临床心理学杂志，2008（4）：395-396.
[73] 苏迅，蒋萍萍．部队医院护士的人格特征对心理健康状况的影响［J］．中国健康心理学杂志，2014，22（4）：648-550.
[74] 聂衍刚，刘伯兴，梁君倩．青少年大五人格、应对方式与心理危机特质的关系［J］．心理科学，2010，33（3）：712-714.
[75] 罗薇．“大五”人格对大学生学业成绩、心理健康的影响：成就目标的中介作用［D］．南京：南京师范大学，2020.
[76] 赵淑媛，蔡太生．女校大学生大五人格和心理健康的关系［J］．中国健康心理学杂志，2012，20（7）：1094-1096.
[77] 罗伏生，张珊明，沈丹，等．大学生网络偏差行为与人格特征及应对方式的关系［J］．中国临床心理学杂志，2011，19（4）：492-493.
[78] 胡军生，王登峰，滕兰芳．人格和应对方式与心理健康的关系［J］．西南大学学报，2007（6）：28-31.
[79] 卢国华．坚韧人格与应激、心身反应的关系［D］．天津：天津师范大学博士学位论文，2008.
[80] 洪炜，涂红红．应激、积极人格与心理健康关系模型的初步研究［J］．中国临床心理学杂志，2009，17（3）：253-256.
[81] 张美艳．大学生人格特质、学业自我效能感、学习适应性与心理健康的关系［D］．济南：济南大学，2010.
[82] 史琼．代大学生大五人格与心理健康的关系：应对方式的中介作用［J］．中国校医，2017，31（10）：721-725.
[83] 王登峰，崔红．中国人人格量表（QZPS）的编制过程与初步结果［J］．心理学报，2003，35（1）：127-136.
[84] 刘继亮，孔克勤．人格特质研究的新进展［J］．心理科学，2001，24（3）：294-296.
[85] 王振勇，黄希庭，支富华．高中生理想人格结构分析［J］．心理科学，2002，25（5）：562-564.
[86] 黄希庭，郑涌，李宏翰．学生健全人格养成教育的心理学观点［J］．广西师范大学学报：哲学社会科学版，2006，42（3）：90-94.
[87] 方敏．高年级小学生综合活力对抑郁情绪的影响：学校归属感的中介作用［D］．长沙：湖南师范大学，2020.
[88] 潘彦谷，张大均，陈万芬，等．社会与情绪健康量表在中国中学生中的验证［J］．中国临床心理学杂志．2016，24（4）：680-683.

[89] 谢家树，刘姗．社会与情绪健康量表（中学版）中文版修订［J］．中国临床心理学杂志，2017，25（6）：1012-1017.
[90] 王孟成，戴晓阳，姚树桥．中国大五人格问卷的初步编制Ⅲ：简式版的制定及信效度检验［J］．中国临床心理学杂志，2011，19（4）：454-457.
[91] 陈树林，李凌江．SCL -90 信度效度检验和常模的再比较［J］．中国神经精神疾病杂志，2003，29（5）：323-327.
[92] 温忠麟，叶宝娟．有调节的中介模型检验方法：竞争还是替补？［J］．心理学报，2014，46（5）：714-726.
[93] 邵晓顺．警察院校大学生心理健康水平与人格特征的研究［J］．中国健康心理学杂志，2005，13（2）：126-127.
[94] 聂衍刚，刘伯兴，梁君倩．青少年大五人格、应对方式与心理危机特质的关系［J］．心理科学，2010，33（3）：712-714.
[95] 田瑞琪，唐小娟，刘亭亭．研究生和本科生防御机制及与大五人格的关系［J］．中国学校卫生，2013，34（7）：818-821.
[96] 张德兰，黄大庆，于红军．心理弹性在大学生人格特征和主观职业障碍中的中介效应［J］．理论研究，2014（3）：69-71.
[97] 全宏艳，龙芬，等．大学生心理健康与人格、领悟社会支持的关系［J］．中国健康心理学杂志，2008，16（2）：150-151.
[98] 周世军，李科生，张亚婷，等．初中生心理健康与人格的相关研究［J］．中国临床心理学杂志，2008，16（4）：395-396.
[99] 王登峰，崔红．文化、语言、人格结构［J］．北京大学学报：哲学社会科学版，2000，37（4）：38-46.
[100] 李婷婷，刘晓明．中职生性格优势在应激状态下对心理健康的影响——基于优势潜能视角的现状分析及教育干预对策［J］．职业技术教育，2015，36（26）：51-55.
[101] 苗元江．心理学视野中的幸福——幸福感理论与测评研究［D］．南京：南京师范大学，2003.
[102] 董浩．员工主动性人格、工作投入与幸福感关系研究［D］．南昌：南昌大学，2011.
[103] 徐长春，杨雄年．创新生态系统：理论、实践与启示［J］．农业科技管理，2018（4）：1-4.
[104] 钟广蓉，时国庆，王海鸥，等．研究型生物化学实验设计与实践［J］．实验技术与管理，2010（7）：139-141.

[105] 张家太，徐彻 . 现代汉语褒贬用法词典［M］. 吉林：辽宁人民出版社，1992.
[106] 朱贻庭 . 伦理学大辞典［M］. 上海：上海辞书出版社，2011.
[107] 赵林如 . 市场经济学大辞典［M］. 北京：经济科学出版社，1999.
[108] 丰红星 . 创新活力对企业成长的影响机制研究［D］. 北京：中国科学院大学，2013.
[109] 张军 . 企业创新活力测评指标体系初探［J］. 生产力研究，2004（5）：159-161.
[110] 苏越良，徐禾芳 . 基于 GM（1，1）的企业技术创新活力动态评价［J］. 科技进步与对策，2005（11）：123-125.
[111] 姚禄仕，丁东 . 基于 AHP 法的企业创新模糊综合评价模型研究［J］. 财会通讯，2012（33）：144-146.
[112] 吴建南，刘遥，张攀 . 激发创新活力何以精准施策？基于两地数据的比较研究［J］. 科技进步与对策，2017（8）：112-118.
[113] 陈畴镛，周青，夏文青 . 企业自主创新活力评价及实证研究［C］. 中国浙江宁波：中国数量经济学会年会会议论文，2008.
[114] 林炳华，赵鸿程 . 金融发展、创新活力与产业结构升级——基于系统 GMM 及门限效应的分析［J］. 福建论坛：人文社会科学版，2019（10）：22-32.
[115] 韩庆祥 . 唯物史观与人的创新活力［J］. 晋阳学刊，2016（5）：77-79.
[116] 张蓓 . 高校青年教师创新活力影响因素实证分析——基于广东 33 所高校的调查数据［J］. 教育发展研究，2014（3）：14-21.
[117] 许时泽，杜德斌 . 上海与深圳城市创新活力比较研究［J］. 科技管理研究，2019（18）：73-82.
[118] 吕拉昌，李勇．基于城市创新职能的中国创新城市空间体系［J］．地理学报，2010，65（2）：177-190.
[119] 杜德斌，周天瑜，王勇，等．世界 R&D 产业的发展现状及趋势［J］．世界地理研究，2007（1）：1-7.
[120] 杜德斌，何舜辉．全球科技创新中心的内涵、功能与组织结构［J］．中国科技论坛，2016（2）：10-15.
[121] 朱建春，付少平，李雅．国际城市创新研究前沿知识图谱分析［J］．科技管理研究，2014，34（3）：18-22.
[122] 朱淑珍 . 开启创新活动的理性之门——熊彼特创新理论及其评价［J］. 党

政论坛，2002（9）：36–37.
［123］熊小斌，高勇强.Tuckman 的群体发展模型与启示［J］. 商业研究，2005（23）：124–126.
［124］凯普泽奥 . 打造一流团队——团队管理技巧［M］.1 版 . 赵丰跃，译 . 长沙：湖南科学技术出版社，2001.
［125］危怀安，胡艳辉 . 自主创新能力演化中的科研团队作用机理——基于 SKL 科研团队生命周期的视角［J］. 科学学研究，2012，30（1）：94–100.
［126］丰红星 . 新疆民营企业创新活力评价的实证研究［J］. 新疆大学学报：哲学・人文社会科学版，2013（2）：32–36.
［127］胡斌，邵汝军 . 基于模糊数学理论的企业创新活力识别模型研究［J］. 价值工程，2005（2）：39–41.
［128］崔海英 . 高校研究生党支部创新活力“钻石模型”构建研究［J］. 上海党史与党建，2012（3）：42–44.
［129］张蓓 . 高校青年教师创新活力影响因素实证分析——基于广东 33 所高校的调查数据［J］. 教育发展研究，2014（3）：14–21.
［130］邵汝军，胡斌 . 基于灰色模糊理论的企业创新活力评价研究［J］. 科技管理研究，科技管理研究，2008（4）：131–133.
［131］徐秀秀，杨寅华，盛芳，王兴旺 . 高校图书馆党组织创新活力指标体系及权重确定［J］. 图书馆建设，2012（11）：58–60.
［132］马光荣，刘明，杨恩艳 . 银行授信，信贷紧缩与企业研发［J］. 金融研究，2014，7：76–93.
［133］赵栋，吕思聪 . 过度信贷会激发企业的创新活力吗？［J］. 金融与经济，2019（12）：19–26.
［134］黄宇虹，黄霖 . 金融知识与小微企业创新意识、创新活力——基于中国小微企业调查（CMES）的实证研究［J］. 金融研究，2019（4）：149–158.
［135］辜胜阻 . 改革优化制度供给，激发国企创新活力［J］. 中国人大，2016（19）：21–24.
［136］马嘉楠，周振华 . 地方政府财政科技补贴、企业创新投入与区域创新活力［J］. 上海经济研究，2018（2）：53–60.
［137］张杰，刘志彪，郑江淮. 中国制造业企业创新活动的关键影响因素研究——基于江苏省制造业企业问卷的分析［J］. 管理世界，2007（6）：64–84.
［138］孟贵珍 . 如何激发企业创新活力［J］. 人民论坛，2018（14）：68–69.

[139] 罗勇根，杨金玉，陈世强．空气污染、人力资本流动与创新活力——基于个体专利发明的经验证据［J］．中国工业经济，2019（10）：99-117.
[140] 张洪源，苗润．科研机构激发人才创新活力的路径选择［J］．科技中国，2020（4）：45-49.
[141] 李继红，赵少文．如何激发企业知识型人才的创新活力［J］．中国有色金属，2017（2）：330-332.
[142] 李东平，龚传胜．关于进一步激发安徽省农业科技人员创新活力的若干思考［J］．农业科技管理，2019，38（1）：77-78.
[143] 戴宏．关于激发释放科技人员创新活力提升创新能力的思考［J］．科技论坛，2016（4）：13-16.
[144] 李丽芳，柳连忠，王建华．影响高职院校科研人员创新活力的双因素分析［J］．河北能源职业技术学院学报，2018（4）：46-48.
[145] 陆迪．激发万众创新活力的内在动力研究［J］．赤峰学院学报：自然科学版，2017，33（10）：115-118.
[146] 于善甫．基于企业创客文化培育的员工创新活力升级研究——以河南省“双创”实践为例［J］．当代经济，2019（1）：155-158.
[147] 赵幼平．从心理学视角论教师工作热情与创新活力激发［J］．江西电力职业技术学院学报，2013，26（1）：79-83.
[148] 王晖．试论如何激发高校教职工的工作积极性和创新活力［J］．内蒙古电大学刊，2013（3）：70-74.
[149] 徐彦芹，陈昌国，魏子栋．提高化学类研究生创新活力之方法初探［J］．化学教育，2014（2）：44-47.
[150] 李书娟．有效增强高校基层党组织创新活力研究［J］．学理论，2012（10）：138-139.
[151] 刘月．高校基层党组织创新活力体系建设途径［J］．船舶职业教育，2015（2）：60-63.
[152] 杨晓英，邓娟．书院制模式下高校增强学生党支部创新活力研究［J］．汉江师范学院学报，2019（5）：84-87.